リーダーシップの教科書 実践編 2

HBR'S 10 MUST READS ON LEADERSHIP VOL.2

ハーバード・ビジネス・レビュー リーダーシップ 論文ベスト11

ハーバード・ビジネス・レビュー編集部＝編
DIAMOND ハーバード・ビジネス・レビュー編集部＝訳

ダイヤモンド社

HBR'S 10 MUST READS ON LEADERSHIP, Vol. 2
by Harvard Business Review

はじめに

本書は、この「教科書シリーズ」で、特に人気の高い『リーダーシップの教科書』の第2弾です。前書に比べて、より実践的な論文が集められています。

米国の名門経営大学院、ハーバード・ビジネス・スクールの教育理念に基づいて、1922年、マネジメント誌*Harvard Business Review*（HBR：ハーバード・ビジネス・レビュー）が発刊されました。同編集部とダイヤモンド社が提携して、日本語版『DIAMONDハーバード・ビジネス・レビュー』(DHBR）を1976年に創刊しました。

今日、DHBRは月刊誌として、「優れたリーダー人材に貢献する」という編集方針の下、学術誌や学会誌のような難解さを排し、「実学」に資する論文を提供しています。ビジネスパーソンがマネジメント思想やスキルを独学したり、管理職研修や企業内大学で、さらにはビジネススクールの教材として利用されたりしています。

そのHBR誌の掲載論文から同編集部が、「リーダーが読むべきもの」として、前述の『リーダーシップの教科書』に次いで、厳選した11本の論文を集めたものが本書です。各章の執筆者や登場人物の肩書きは基本的に、論文発表時のものです。また、それぞれの概要は次の通りです。

第1章「真のリーダーは6つのスキルを完備する」は、筆者らが経営幹部2万人以上に実施した調査によって、戦略的リーダーが備えている6つのスキルを抽出したものです。①先を見通す力、②疑問を投げかける力、③読み解く力、④意思決定力、⑤一つの方向にまとめる力、⑥学習する力、です。その調査では、戦略的リーダーになるには、特定のスキルに優れているだけでは不十分で、自分の強みと弱みを正確に把握して、弱点を補う必要があることも明らかになりました。本稿では、6つのスキルを詳細に解説し、それらを身につけるための具体的な要件を示しています。

第2章「最良のリーダーは偉大な教師である」では、優れたリーダーと並のリーダーの違いは、日常の業務における部下の個別教育、いわゆるOJT（オン・ザ・ジョブ・トレーニング）で差が出ると言います。優秀なリーダーによる教育は、業務に役立つ知識・スキルから、ビジネス原則や処世術まで多岐にわたります。しかも、部下の心に深く刻み込まれ、後々まで教訓となることが多いのです。ポイントは、教えるべき内容やタイミングを深く考え、個々人が受け入れやすい方法を選ぶことだと言います。教育は、よきマネジャーにとって欠くべからざる責任。部下を教え導いていないならば、真のリーダーとはいえないと断じます。

第3章「リーダーは『二者択一』の発想を捨てよ」は、現実を踏まえたリーダー論です。今日の経営は変革か安定か、長期成長か短期の業績向上か、株主重視か従業員重視かなど、一見、相容れない課題が付き物で、たえずパラドックスに見舞われます。そこで本論は、ぶれない一貫性で組織をまとめる時代ではなく、そういう考え方は、軍隊的な組織の遺物である、という前提に立ちます。そして、リーダーは、一貫して「ぶれる」経営をすべきであり、それは組織に動的均衡をもたらすと言います。現実に必要なのは、「二者択一」の発想を捨てて、パラドックスを受け入れることだと示し、組織の統合と分離をどのように進めるかを具体的に説いていきます。

第4章「部門横断的に巻き込み高業績を実現する力」は、コラボレーションにおけるリーダー論です。その重要性が唱えられて久しいですが、実際は、プロジェクトチームやクロスファンクショナルチームの多くが、調整会議やグループ作業の域に留まり、理想的なコラボレーションからはほど遠いことを本稿では示します。米国のセールスフォース・ドットコムやゼネラル・エレクトリック、英国の消費財企業レキットベンキーザー、インドのIT企業HCLなど、激しい競争の中でも高業績を続けている企業のリーダーたちを紹介しながら、真の意味でのコラボレーションを牽引するリーダーシップの要諦を解説しています。

続いて、第5章「組織の境界を超え協働を促すリーダーシップ」も、協働についての論考です。組織で優先されがちなのは上司と部下などのタテのつながりですが、イノベーションや事業開拓につながるのは日常的に接する別部門との関わりなど、ヨコの関係です。しかし、組織の壁に阻まれ、なかなか水平方向の協働は進まない。社員は訓練により、組織全体を見渡して専門知識を持つ人材と結び付き、異なる考えの同僚とも協働できるようになるが、自分と異なる人を理解し、気持ちを通じさせることはなかなか難しい。本稿では、リーダーがこの課題克服を手助けする4つの具体的な方法を提示しています。①文化の仲介者を育成し活躍させる、②正しい質問を促す、③人の目を通して世界を見るようにさせる、④社員の視野を広げる、です。

第3章でも論じられていますが、環境変化が激しい今日、指揮管理型のリーダーシップは必ずしも有効ではありません。そこで、第6章「会社の機動力を高めるニンブル・リーダーシップ」で提唱するのは、ニンブルな＝機動力の高い組織をつくるリーダー論です。組織の下位層で価値創出「起業家型リーダー」、中間層で資源や情報を提供する「支援型リーダー」、上位層で大局的に目を配る「設計型リーダー」の3タイプがある、とします。これらを文化規範で支え、自己強化型のシステムとして機能させることを提唱しています。

優れた功績により、ハーバード大学で「ユニバーシティ・プロフェッサー」の称号を付与されているマイケル・E・ポーターと、ハーバード・ビジネス・スクール学長のニティン・ノーリアという2人の大学者が、CEOの時間管理について包括的で大規模な調査を実施して著したのが、第7章「CEOの時間管理」です。CEOの時間の使い方については、これまでヘンリー・ミンツバーグ著『マネジャーの仕事』など、数例の研究が存在する程度でした。筆者らは2006年より、大企業のCEOが24時間をどのように使っているかを3カ月間追跡する調査を開始し、27人延べ6万時間分のデータを収集しました。そのほか数百人のCEOとの議論も踏まえ、本稿では、CEOの時間の使い方についての分析結果を紹介し、稀少な経営資源である時間を有効に使うための処方箋を示します。また、このデータが物語るCEOの役割についても論じていて、とてもユニークな論文です。

第8章「会話力が俊敏な組織をつくる」は、組織内での効果的なコミュニケーションをリーダーはどのようにマネジメントすべきかについて説いた論文です。100社以上の企業の150人近い経営者や広報担当者へのインタビュー結果から、組織内の会話を「親密性」「双方向性」「包括性」「意図性」という4つのテーマに分けて分析、解説し、これら4つを備えるコミュニケーションの有効な実践のあり方を指南しています。

第9章は、EQ（EI：感情的知性）の提唱で知られる心理学者ダニエル・ゴールマンの論文「リーダーは集中力を操る」です。リーダーが持つべき、自分、他者、外界の3つに対する集中力とそのバランス、それらを自由に操る方法を説いています。

近年、自分らしさを大切にする「オーセンティック・リーダーシップ」に注目が集まっています。しかし、第10章「『自分らしさ』が仇になる時」では、過度に自分のスタイルにこだわることは、リーダーとしての成長を阻害しかねない、と警告します。昇進や異動により新しい職責を担う場合や、異なる文化や価値観に直面するグローバル環境では、従前とは異なるリーダーシップが要求されることもあります。周囲の状況に適応しながら、自分らしさも失わないリーダーシップ開発の手法を紹介します。

第11章「リーダーとマネジャーの大いなる相違」は、さらなる高みを目指す人向けの論文です。一部門の管理職から、事業全体を率いるリーダーへと初めて昇進した時、優秀な人材であっても、思うように成果が出せないことが多いものです。過去の成功を支えたスキルやノウハウだけでは対応し切れず、もっと幅広く全体を見通し、戦略的な視点が必要になるからです。新しい役割へと移行する際には、スキルやマインドセットの面で「7つの変化」を遂げなくてはならないとして、その具体策を提案しています。

本書は、「HBR誌において読むべき10論文」シリーズの一つですが、原書タイトルは*HBR's 10 Must Reads on Leadership, Vol. 2 (with bonus article "The Focused Leader" By Daniel Goleman)*とあり、全部で11本の論文で構成されています。なお、第8章「会話力が俊敏な組織をつくる」と第9章「リーダーは集中力を操る」は本シリーズの『経営者の教科書』に、第10章「『自分らしさ』が仇になる時」と第11章「リーダーとマネジャーの大いなる相違」は『マネジャーの教科書』にも収録されています。論文集ですので、掲載順は気にせず、ご関心のあるテーマから読まれることをおすすめします。

DIAMONDハーバード・ビジネス・レビュー編集部

『リーダーシップの教科書2 実践編』

目次

第5章

第1章

真のリーダーは6つのスキルを完備する

ディシジョン・ストラテジーズ・インターナショナル 創立者兼会長
ポール J. H. シューメーカー
ディシジョン・ストラテジーズ・インターナショナル CEO
スティーブ・クラップ
ディシジョン・ストラテジーズ・インターナショナル シニアマネージングパートナー
サマンサ・ハウランド

"Strategic Leadership: The Essential Skills"
Harvard Business Review, January-February 2013.
邦訳「真のリーダーは6つのスキルを完備する」
『DIAMONDハーバード・ビジネス・レビュー』2015年5月号

ポール J. H. シューメーカー
(Paul J. H. Schoemaker)
コンサルティングを手掛けるディシジョン・ストラテジーズ・インターナショナル（DSI）の創立者兼会長。ペンシルバニア大学ウォートンスクールのマック・センター・フォー・テクノロジカル・イノベーションのリサーチディレクターも務める。

スティーブ・クラップ
(Steve Krupp)
ディシジョン・ストラテジーズ・インターナショナルのCEO。

サマンサ・ハウランド
(Samantha Howland)
ディシジョン・ストラテジーズ・インターナショナルのシニアマネージングパートナー。経営幹部およびリーダーシップ育成・実践事業を率いる。

戦略的リーダーは6つのスキルを用いる

英国の著名な銀行家であり資本家のネイサン・ロスチャイルドは、莫大な富が生じるのは舞踏会でバイオリンが奏でられる時ではなく、港に砲弾が飛来する時だと述べた。彼は、先が読めない環境ほどチャンスが大きいことを理解していた。ただし、それはチャンスを活かせるリーダーシップスキルを持ち合わせていればの話である。

ペンシルバニア大学ウォートンスクールとディシジョン・ストラテジーズ・インターナショナル（DSI）は、これまでに経営幹部2万人以上を対象に調査を実施し、6つのリーダーシップスキルを特定した。その6つとは、先を見通す力、疑問を投げかける力、読み解く力、意思決定力、一つの方向にまとめる力、学習する力である。リーダーがこれらを習得して活用すると、戦略的に考え、未知の状況を巧みに舵取りできるようになる。

いずれもリーダーシップに関する文献で注目されてはいるが、通常は単独で取り上げられるものだ。ビジネスとキャリア双方の成功を左右する可能性があるような、リスクも高く、不確実極まりない特殊な文脈で論じられることはめったにない。

本稿では、6つのスキルを詳細にわたり紹介する。順応力のある戦略的なリーダー、すなわち強い意志と柔軟性を兼ね備え、難局で粘り強さを発揮する一方で、環境変化にも戦略的に対応できるリーダーは、6つのスキルすべてを同時に使う術を身につけているのだ。

競合他社に先駆けて好機を見出すのに役立つ、適切なネットワークを築いているか。自分あるいは他人の仮定に遠慮なく疑問を投げかけられるか。多様性の高いグループから共通のビジョンに対する賛同を得られるか。間違いから学んでいるか――。

こうした質問に答えていけば、それぞれの分野における自分の力量を明確に把握できる。また、本稿の自己診断テストを試せば、自分の強みと弱みを把握でき、弱みに対処し、リーダーシップスキルのポートフォリオ全体を高めるのに役立つだろう。

では、それぞれのスキルを見ていこう。

1　先を見通す力

大半の組織やリーダーは、自社事業の周辺にある、漠然とした脅威や機会を見抜くことを苦手としている。大手ビール会社のモルソン・クアーズの経営幹部が、低炭水化物ビールというトレンドに気づくのが遅れた話は有名だ。また、レゴグループの経営陣は、玩具やゲームにおける電子革命を見落としていた。これに対して、戦略的リーダーはたえず注意を払い、変化の兆しを求めて周囲に目を光らせることで、先を見通す力を磨いている。

筆者らが仕事をともにしたマイクというCEOは、重工業の事業再建請負人として名声を築いており、危機対応や立て直しに長けていた。彼は、ある危機が起こった際に手腕を発揮し、その後、景気上昇に乗じたことも相まって会社は急成長を遂げた。だが、そのサイクルがピークを迎えると需要が突然落ち込み、マイクは不意を突かれた。低迷する市場では、いつものやり方では歯が立ちそうもない。業界の先行きを見通すためにさまざまなシナリオを検討し、多様な情報源からより的確な情報を収集しなければならなかったのだ。

筆者らはマイクと彼のチームに対して、どうすれば組織内外のわずかな兆候を察知できるかを示した。すると、彼らはネットワークを拡大し、顧客や競合企業、パートナーの視点に立って物事を考えるようになった。中核事業以外の好機にも目配りするようになり、製品ポートフォリオを多様化し、需要が景気変動の波を受けにくい隣接市場での企業買収に踏み切ったのである。

先を見通す力を高める

- 顧客、サプライヤーなどのパートナーと話し、それぞれの課題を理解する。
- 市場調査やビジネスシミュレーションを行い、競合企業の考え方を理解し、新しい取り組みや製品に競合がどう反応するかを見定め、破壊的な製品・サービスになりうるものを予測する。
- シナリオプランニングを活用してさまざまな未来を想定することで、不測の事態に備える。
- 急成長を遂げている他社を観察し、彼らが取った行動のうち自社が対応に苦慮したものを調べる。
- 最近で失った顧客をリストアップし、その原因を探る。
- 異業種・職種のカンファレンスやイベントに参加する。

2　疑問を投げかける力

戦略的に考える人は、現状に疑問を投げかける。自分自身や他者が置いている前提を疑い、多様な意見を引き出そうとする。敢然と行動を起こすのは、多様な視点から問題を綿密に調べ、考察してからである。それには忍耐強さや勇気、広い心が求められる。

筆者らが協働したエネルギー会社の事業部長、ボブを例に挙げよう。彼は自分のやり方に固執し、危険や混乱を伴う状況を避けていた。たとえば、コスト効率化のためにどのように事業部門を統合するかという難題に直面すると、手に入る情報をかき集めて、自分のオフィスに一人でこもってしまう。ボブが打ち出す解決策はよく練られているものの、ありきたりで革新的な例がなかった。

統合の事案では、部門全体の業務を合理化する大胆な再編策を検討することよりも、似通った2つの不採算事業の統合のみに終始した。外部のアドバイスが必要になると、信頼性の高いコンサルティング会社のベテランのコンサルタント2〜3人に助言を求めた。そこで提案されたのは実証済みの確実な手法で、業界の基本前提を問い直すことはなかった。

筆者らはボブにコーチングを行い、反対意見も含めて異なる意見を引き出し、自分自身やアドバイザーたちの考え方に疑問を投げかける方法を学べるよう支援した。当初はやりにくかったようだが、やがて長年の懸案事項に斬新な解決策を見出したり、戦略的な意思決定力を高めたりできると認識するようになった。組織の合理化に向けては、同僚の一人に、あえて異論を唱える「デビルズ・アドボケート」（悪魔の使徒）役を頼んだほどである。

この手法によって、混合型の解決策が導き出された。それは、人事と財務に関して、特定の新興国市場では暫定的に現地のサポート要員を残すが、ＩＴと法務は完全に一元化するモデルを採用するというものだった。

疑問を投げかける力を高める

- 症状ではなく、むしろ問題の根本原因に焦点を当てる。トヨタを創業した豊田佐吉の唱えた「5回のなぜ」を活用しよう。たとえば、「今月は返品が5％増えた」場合、「それはなぜか」と問い、「断続的に製品の不具合が起きたからだ」と答えたら、さらに「それはなぜか」と問う、ということを繰り返す。
- 自分の事業のある側面における長年の前提、たとえば、「スイッチングコストが高いから顧客の離反は食い止められる」などを挙げ、さまざまなグループにその真偽を尋ねる。
- 率直な対話や意見の対立が期待され歓迎される「安全な場」としての会議を開き、議論を促す。
- 現状に疑問を投げかけるという明確な目的を果たす役割を設け、交代でその役を担う。
- 意思決定プロセスに反対者を入れて、早期に課題をあぶり出す。
- ある意思決定による直接的な影響は受けないが、そうした影響を的確に見通せる人たちに意見を求める。

3 読み解く力

リーダーがしかるべく疑問を投げかければ、集まってくる情報は必然的に交錯し、矛盾を来す。だからこそ、第一級のリーダーは情報を読み解く力も備えている。

想定したことを反射的に見聞きするのではなく、手元にある情報すべてを総合的に検討しなければならない。パターンを認識し、不確実な状況を突き進み、新たに知見を掘り起こす必要がある。フィンランドの元大統領ユホ・クスティ・パーシキビはよく言っていたが、「知恵というものは、事実を認識し、さらに『再認識』や再検討を重ねて、その事実の隠れた意味を顕在化させることによって生まれる」のである。

米国の食品会社でCMO（最高マーケティング責任者）を務めるリズは、数年前、低炭水化物ケーキの製品ラインのマーケティングプランを策定していた。当時は炭水化物の摂取を控えるアトキンス・ダイエットが流行し、食品メーカーはこぞって低炭水化物ダイエット戦略を展開していた。ただ、消費者に話を聞いてみると、「同社の菓子製品を控えるのは、低炭水化物ダイエット中だから」と答える人がまったくいないことに気づいた。かたや、急成長セグメントである糖尿病患者たちは、砂糖が含まれているため菓子製品を避けていた。

そこでリズは、移り気なダイエット実践者から糖尿病患者にターゲットを変えれば、自社の売上げが伸びるのではないかと考えた。彼女は点と点を結び付ける力を発揮することで、最終的に低炭水化物ケーキから砂糖不使用ケーキへと、収益性の高い製品ミックスに変更することができたのである。

読み解く力を高める

- 漠然としたデータを分析する際は、観察事項について少なくとも3通りの説明を挙げて、さまざまな利害関係者から意見を募る。
- 細部を重点的に吟味したら、今度は全体像を俯瞰する。
- 抜け落ちている情報、仮説に対する反証を積極的に探す。
- 定量分析で観察事項を補強する。
- 散歩する、美術鑑賞をする、風変わりな音楽をかける、卓球をするなど、少し離れて偏見なしにとらえられるようにする。

4　意思決定力

不確実な時代、意思決定者は情報が不足する中で難しい選択をしなくてはならないことがある。それも、迅速な判断を求められることが多い。

戦略的に考えるリーダーは、最初に複数の選択肢を出そうとし、早くから「やるかやらないか」という短絡的な選択に限定することはない。思い付きで行動せず、きちんとしたプロセスを踏む。厳密さと迅速さのバランスを取りながら、関連するトレードオフを検討して、短期目標と長期目標の両方を考慮に入れる。つまるところ戦略的リーダーは、しっかりした意思決定プロセスによる知識を携え、自分の信念に従って行動しなければならないのだ。

ある技術系企業の部門長であるジャネットは、実行重視で、迅速な意思決定とシンプル化されたプロセスを好んでいた。このやり方は、熟知している競争状況で単純な選択肢しかない場合には功を奏した。彼女にとって残念なことは、競合が型破りな韓国企業であったことだ。低価格製品が市場シェアを奪い始めると、業界は急速に変わっていった。

ジャネットは直観的に、自社の競争力ある価格ポジションと市場シェアを守るために、低コスト地域で戦略的買収を行うか否かという二者択一の案を思い付いた。彼女はその推進者として速やかなゴーサインを求めたが、資金不足のため、CEOとCFOは難色を示した。

これに驚いた彼女は、この決定に関与した幹部を集めて、代替案を出すよう要請した。チームは秩序立ったアプローチで合弁事業や戦略提携の可能性を探った。この分析を踏まえて、彼女は最終的に買収を進めることになったが、その対象はより戦略的な市場の別の企業になったのである。

意思決定力を高める

- チームに「ほかにどんな選択肢があるか」とはっきり問いかけ、二者択一の判断を見直す。
- 大きな意思決定は分解して構成要素を理解し、意図せぬ結果をより的確に見抜けるようにする。

●長期プロジェクトと短期プロジェクトに合わせて、意思決定の基準を変える。
●現時点で、意思決定プロセスのどの段階にあるかを周囲に知らせる。多様な意見や議論をなおも求めているのか、それとも議論をまとめて選択しようとしているのか、と。
●意思決定に直接巻き込むべきなのは誰か、その成否に影響を及ぼすのは誰かを割り出す。
●大きな賭けに出るのではなく、パイロットプロジェクトや実験を検討しながら段階的に取り組む。

5　一つの方向にまとめる力

戦略的リーダーは、意見も意図もバラバラな利害関係者の間で共通点を見出し、賛同を得ることに長けていなければならない。それには、積極的に働きかける必要がある。成功するかどうかは、自発的なコミュニケーションや信頼構築、頻繁な関与にかかっている。

筆者らは、ある化学品メーカーで中国市場を統括する支社長と一緒に仕事をした。彼は精力的に事業を拡大しようとしていたが、他国を統括している同僚の支援がなかなか得られなかった。中国でのビジネスチャンスをつかもうとする自分の意気込みをわかってもらえないことにいら立ち、単独で突き進んだが、それがさらに孤立感を深めることとなった。調べてみると、同僚たちは彼の戦略を十分理解していなかったため、支援に二の足を踏んでいたのである。

筆者らの協力の下、支社長は事態の打開を図った。同僚のリーダーたちと定期的に顔を合わせて成長プランを詳しく説明し、フィードバック、参加、多様な意見を求めるようになったのだ。同僚たちは次第に、それぞれの職能部門や事業ラインにとってのメリットを見出すようになった。協力が促進されると、売上げは伸び、支社長は同僚たちを足かせではなく戦略的パートナーと見なすようになったのである。

一つの方向にまとめる力を高める

- 早くから頻繁にコミュニケーションを取り、組織内で最もよく見られる2つの言い訳（「誰からも頼まれていない」「誰からも聞いていない」）に対処する。
- 内外の主な利害関係者を特定し、自分の取り組みにおける彼らの立場をマッピングし、利害の対立があれば突き止める。また隠れた意図や結託関係について探る。
- 体系的なファシリテーテッド・コミュニケーション(注1)を活用し、誤解や抵抗がある分野を割り出す。
- 反対者たちの懸念を理解するために、直接コンタクトしたうえで対処する。
- プロジェクトや戦略を展開していく間、利害関係者の態度を注意深くモニタリングする。
- チームの結束を後押しする同僚を評価したり、別の形で報いたりする。

6 学習する力

戦略的リーダーは、組織学習の中心となる。質問する文化を盛り立て、成功した結果と失敗した結果の両方から教訓を得ようとする。オープンかつ建設的な方法で、自分やチームの失敗を研究し、隠れた教訓を導き出そうとするのだ。

ある製薬会社のCEOを含めた上級リーダー40人が、筆者らの「戦略的能力自己診断テスト」を受けた。すると、リーダーシップにおける全員に共通する最大の弱点は、学習にあることが明らかになった。同社の全階層で、間違いから学ぶよりも罰しようとする傾向が浮き彫りになったのだ。それは、リーダーが往々にして、みずからの過ちを隠そうと躍起になっていたことを意味していた。

同社のCEOは、自社の革新性を高めるにはこの文化を変える必要があると気づいた。彼のリーダーシップの下、チームは次の3つの取り組みに着手した。

1つ目は、プロジェクトの経緯を公表するプログラムだ。当初はうまくいかなかったが、最終的に画期的な解決策を導き出した。

2つ目は、顧客の問題を解決するための斬新な実験に、部門横断チームを参加させるプログラムである。成否にかかわらず、その結果は公表する。

3つ目は、組織全体から新しいアイデアを生み出すためのイノベーショントーナメントだ。

CEO自身も、胸襟を開いて自分の失敗を認めるようになった。たとえば、有望な人材たちの前で、伝統ビジネスが行き詰まった時に自分が売却に躊躇したことで、医療診断企業を買収できず、市場シェアを拡大し損なったと明かした。

その経験から、採算の取れない投資による損失はただちに切るべきだという教訓を学んだと、彼は説明した。

やがて同社の企業風土は、学習の共有と大胆なイノベーションへと変わっていった。

学習する力を高める

- アフターアクションレビュー(注2)を導入し、重要な意思決定やマイルストーン（成功が見込めないプロジェクトの打ち切りを含めて）から得られた教訓を文書化し、結果として得られた知見を広く伝達する。
- 称賛に値することを試みたが、不首尾に終わったマネジャーに報奨を与える。
- 学習に関する監査を毎年実施し、意思決定やチームの交流が不十分だったところを確認する。
- 期待した成果を出していない取り組みを特定し、その根本原因を調べる。
- 質問を重視し、間違いを学習機会ととらえる文化を生み出す。

* * *

戦略的リーダーになるということは、これら6つのスキルにおける弱点を特定し、是正することにほかならない。

筆者らが調査したところ、特定スキルに秀でていても、他のスキルの欠点を容易に補うことはできない。したがって、6つのスキルすべてを秩序立った方法で最大限に高めていくことが重要になる。「戦略的能力自己診断テスト」は、対応が求められる分野の把握に役立つ。より明確で有効な診断結果を得るには、完全版を受けて、自分の回答について、同僚や少なくとも上司の評価や意見を聞いてみるとよい。

図表**1**｜**あなたは戦略的リーダーか**

診断テストに回答する際には、新しい戦略の策定、ビジネス上の問題解決、複雑な意思決定に関連して、この1年間で自分がどのように行動したかを考えてみる。6つのリーダーシップスキルのそれぞれで平均スコアを出し、本稿で紹介した方法に従って、まずは最も弱い部分から取り組んでみよう。

	実施頻度（ほとんど行っていない ←→ ほぼ日常的に行っている）
先を見通す力	**平均スコア＊＝4.99**
業界や部門の内外の専門家や情報源など幅広いネットワークから情報を収集する。	1 2 3 4 5 6 7
競合企業がどう動くか、新しい取り組みや製品に対してどう反応するかを予測する。	1 2 3 4 5 6 7
疑問を投げかける力	**平均スコア＝5.52**
根本原因を理解すべく、複数の視点から問題をとらえ直す。	1 2 3 4 5 6 7
問題を多面的にとらえるため、多様な意見を求める。	1 2 3 4 5 6 7
読み解く力	**平均スコア＝5.78**
好奇心とオープンな姿勢を示す。	1 2 3 4 5 6 7
結論を下す前に、複数の作業仮説を他者とともに検証する。	1 2 3 4 5 6 7
意思決定を下す力	**平均スコア＝4.81**
成長のための長期的投資と、結果を出すための短期的プレッシャーとのバランスを取る。	1 2 3 4 5 6 7
意思決定の際に、顧客など利害関係者にとってのトレードオフ、リスク、意図せぬ結果を明確にする。	1 2 3 4 5 6 7
一つの方向にまとめる力	**平均スコア＝5.01**
利害関係者の忍耐力と変化を求める動機を見極める。	1 2 3 4 5 6 7
利害関係者間の利害の対立を突き止め対処する。	1 2 3 4 5 6 7
学習する力	**平均スコア＝4.95**
成功や失敗の話を共有し組織学習を促す。	1 2 3 4 5 6 7
意思決定を行った後でも、反証に基づいて軌道修正する。	1 2 3 4 5 6 7

＊平均スコアは本調査に参加した経営幹部2万人以上の回答に基づく。

【注】

（1）意思疎通が困難な人を補助し、コミュニケーションを円滑に行う手法。

（2）もともとは米国陸軍が開発した手法であり、プロジェクトなどを実施した後にそこから教訓を導き出して学習し、次の機会に活かしていくこと。

第2章

最良のリーダーは偉大な教師である

ダートマス大学 タックスクール・オブ・ビジネス 教授
シドニー・フィンケルシュタイン

"The Best Leaders Are Great Teachers"
Harvard Business Review, January-February 2018.
邦訳「最良のリーダーは偉大な教師である」
『DIAMONDハーバード・ビジネス・レビュー』2018年6月号

シドニー・フィンケルシュタイン
(Sydney Finkelstein)
ダートマス大学タックスクール・オブ・ビジネスのスティーブン・ロス記念講座教授。経営学を担当。同校センター・フォー・リーダーシップのファカルティディレクターも兼ねる。著書に *Superbosses: How Exceptional Leaders Master the Flow of Talent*, Portfolio, 2016.(邦訳『スーパーボス』日経BP社、2016年)がある。

個別指導で部下を導く

クンダプール・バマン・カマートは教師であった。しかし、学校で働いたことも、教壇に立ったこともない。その代わり、インドのＩＣＩＣＩ銀行の上級幹部として、のちにＣＥＯとして務め上げた40年の間に、配下で働く人たちに教えを授けてきた。利害関係者とのコミュニケーションのコツを教えたり、野心的な目標を持つことの重要性を説いたり、カマートは毎日を教育の機会ととらえ、直属の部下それぞれに合わせて誂えた、経営の特別授業を行っていた。

この特別授業を続けるうちに、ＩＣＩＣＩ銀行は優秀な人材のリーダーシップ養成場となり、加速度的な成長を遂げた。インドで最も規模が大きく、最も革新的な銀行の一つとなり、同業界のある世代の経営幹部を丸ごと育て上げた功労者として、カマートは高く評価されるようになった。

カマートのような世界的に第一級のリーダーは、通常のリーダーと、どのような点が異なるのだろうか。それを明らかにするために、筆者は10年以上の歳月を費やしてきた。大いに驚いたことの一つは、これらの最も優れたマネジャーたちの教育への打ち込みようだ。対面であれ、間接的手段であれ、彼らは日々の業務の中で直属の部下たちに一対一の徹底的な指導を続けてきた。認知心理学者や教師、教育コンサルタントの間では、昔からそのような個別指導の価値が認識されてきた。すなわち、能力やコンプライアンス意識を高めるだけではなく、スキルの習得や思考および行動の独立性を促すものであると。

とはいえ、この種の教育指導をビジネスの場で目にすることはめったにない。実際、大部分のリーダーは一定の形式に従った勤務評定を行う、専門知識を紹介する、キャリアプランについて助言する、相談役となる、社内政治への対応を支援するというように、より伝統的な従業員管理と能力開発のやり方に頼っていることがわかった。たまに意識せずに1つか2つ教えを伝えるリーダーはいても、それについて熟考し自分の職務の中心に置いているリーダーは、まずいないのだ。

これとは対照的に、筆者が研究した並外れたリーダーたちは生粋の教師であった。彼らは従業員とともに過ごすさまざまな場面で、専門スキルや一般的な戦術、ビジネス原則、人生の教訓を常に伝授している。彼らの指導は、部下の目の前の課題をきっかけに始まる形式張らないが本質的な教育であり、それは明らかに効果があった。彼らのチームや組織は、業界内で最高水準の業績を上げていたのである。

幸いなことに、並外れたマネジャーと同じ方法で教えるのに、特別な才能や訓練はいらない。多大な時間をかける必要もない。単純に、彼らがやってきた先例に習うだけでよい。すなわち、教えるべき内容と伝授するタイミング、そして自分の教えを徹底させる方法を学べば事足りるのである。

部下の心に刻まれる3タイプの教え

偉大なリーダーは広範なトピックについて教えてくれるが、最もためになる教え、すなわち、何年か経った後でも応用し他者と共有することができる、適切でかつ有益な教えは、次の3種に分類できる。

プロフェッショナリズム

不動産会社のCEOで投資家でもあるウィリアム・サンダースの下で働いていたあるマネジャーによると、サンダースはプロフェッショナルとしての行動について助言することが多かった。効果的な会議の準備方法や、売り込む時にビジョンを伝える方法、業界の現状ではなく将来像を考察する方法について説明してくれたという。

カマートの教え子は、部下の独立性を尊重しながら指導するという、妥当でかつ建設的なメンタリングのやり方を見せてもらったと述べた。他のマネジャーたちも、リーダーから誠実さと高い倫理的基準を重視することの価値について学んだと述べている。

バーガーキングの元CEO、ジェフリー・キャンベルは、元上司の一人でファストカジュアルダイニング（ファストフードとファミリーレストランの中間の新業態）業界の伝説的人物である故ノーマン・ブリンカーについて、次のように語っている。

「彼は信頼からスタートしました。お客様がどう感じるか、どのような人々が自分の下で働いているかということを、彼が真剣に考えていたのは明らかです」

トミー・フリスト・ジュニアがホスピタルコーポレーション・オブ・アメリカ（HCA）のCEOを務めていた時に、直属の部下だったという企業幹部は、フリストが時々医者たちに、患者第一主義の必要性を説いていたと話す。「医師になると誓った時に学んだことは何ですか。あなた方の義務は、それを行うことだけです。病院の事務長に呼ばれて、正しいと思えないことをするように言われたならば、私に教えてください。私たちがそのようなことを始めた暁には、病院を畳まなければなりませんから」と、フリストはよく話していたそうである。

仕事のコツ

最上級のリーダーたちは、自社事業の基本に関する指導は他の人に任せるものだと思うかもしれない。しかし、ヘッジファンドの元CEOであるジュリアン・ロバートソンや、ファッション界の重鎮であるラルフ・ローレンのような並外れたリーダーは、みずからに課す非常に規律正しい方法をそのまま、すなわち、広範な知識と経験に根差したやり方で部下の教育を行った。ロバートソンの直属の部下は、「彼はいつ何時も、普通の人間だったら頭がクラクラするほど、さまざまな企業について、非常に多くのことを知っていました」と語る。

ウェイト・ウォッチャーズ・インターナショナルのCEOで、ポロ ラルフ ローレンの元幹部であるミンディ・グロスマンは、ローレンと一緒にショールームにいる時、「つくっているのが24ドルのTシャツだろうが、6000ドルのクロコダイルのスカートだろうが」、ファッションにおける正統性と品位を実現する方法について彼が説明したことを覚えているという。

同じように、オラクルでラリー・エリソンの下で働いていた従業員は、彼が同社を率いていた時は常にソフトウェア・アーキテクチャーに関する専門知識を共有してくれたと述べている。コストコホールセールの共同創設者で元CEOのジェームズ・シネガルは、かつての上司でプライス・クラブの創設者であるソール・プライスはいつも、従業員に小売業の専門知識を細部に至るまで身につけさせようとしていたと振り返る。「我々にとっては毎日が試練でした。何かが適切に行われていない場合には、プライスは必ずみんなの前でやり方を示したものでした」

人生の教訓

偉大なリーダーの教えは、もちろん、仕事に関することだけではない。人生についての深い知恵も提供している。差し出がましい行為のように思われるかもしれないが、マネジャーたちはこれを非常に有益だと見なしていることがわかった。

たとえば、筆者の調査チームがインタビューしたHCAのある医者によると、元上司のフリストは短期目標、中期目標、そして長期目標を書いた2つ折りのカードを見せてくれたという。自分はこれらの目標を毎日書き直しているが、なぜもっと多くの人々がこのようなことを実践しないのか驚きだとフリストは話していた。それが忘れがたい教訓となったというのだ。

もう一例、リンクトインのシニアアドバイスプレジデントであるマイク・ガムソンの話を挙げよう。彼は同社の新CEOのジェフリー・ワイナーとの最初の打ち合わせで、仏教の教義について2時間も討議したと、情報サイト「ビジネスインサイダー」に明かしている。自分はもっと共感力を持ったリーダーになりたいとガムソンが述べたところ、ワイナーはそれよりも慈悲心を持つリーダーを目指したほうがよいのではないかと言ったという。

2人は宗教的な比喩を手掛かりに、これらの概念の違いを探究した。どちらのタイプのリーダーも他者の立場に立って考える。しかし、共感力を持つリーダーは相手の感情に引きずられる危険があるのに対し、慈悲心を持つリーダーは冷静さと明晰さを保ちやすく、よりよい支援ができる、とガムソンは理解するに至った。ワイナーのこの教えに触れ、ガムソンのリーダーシップ哲学は完全に変わったのである。

絶妙のタイミング

リーダーがいつ指導するかということは、何を指導するかとほとんど同じくらい重要である。筆者の研究で出会った優秀なリーダーたちは、公式の人事評価やチェックイン（アドビが採用した人事制度で、頻繁にコミュニケーションを取りながら成長を後押しする手法）を待つことさえない。知恵を授けるチャンスを逃さず、みずからそうしたチャンスをつくり出すこともある。

その場で教える

シネガルはプライス・クラブでプライスとともに働いていた際に、教育とはいついかなる時でも可能なものだと知った。シネガルによると、小売戦術に関する助言であれ、よりよいマネジャーになるための議論であれ、プライスは「四六時中、指導に当たっていた」という。ロバートソンの教え子であるチェイス・コールマン3世は、ロバートソンも同様に、「物事のやり方や事業経営の方法」を示しながら、どんな時にも「しきりに教えようとしていた」と述べている。

開放的なオフィス空間で働き従業員を観察したり、近づきやすくしたり、頻繁な会話を促したりすることで、OJT（オン・ザ・ジョブ・トレーニング）を徹底するリーダーもいる。また、他より伝統的なスタイルのオフィスを選びはしても、ドアは必ず開けたままにしておき、従業員の様子を見て回ることに時間を費やすリーダーもいる。そうすれば、気づいたことをその場で教えることができ、従業員側も一番よい形で対処し取り入れることができる。

筆者が知る格好の事例は、ブリンカーの弟子であるキャンベルから聞いた話だ。ある夜のこと、ブリンカーはオフィスにいたキャンベルのところに一枚のメモを持っていった。それは最近キャンベルがあるチームメンバーに渡したメモで、具体的な行動が取れるように事細かな指示が書かれていた。キャンベルは、上司の言葉を鮮明に覚えている。

「いいかね。これは君のために言うのだが、今度、ビルのような人物に何かをするように伝える場合は、目的を伝えて、どうやるかは本人の考えに任せるようにしなさい。その人がどれくらい賢いかがわかるだろうし、おそらくは君自身には思い付かないようなことを考え出すだろうから」

機会を編み出す

偉大なリーダーは「完璧な」機会が訪れるのを待ってはいない。多くの場合、オフィスを離れてよりリラックスできる場所や、ふだんとは違う場所に部下を連れ出すなどして、自分で指導のチャンスをつくり出す。

飛行機の操縦に熱中していたフリストは、時々部下たちを自分の飛行機に乗せていた。『フィラデルフィア・インクワイアラー』紙の主筆を長年務めたジーン・ロバーツは、直属の部下を夕食に誘い、特定の状況にどう対処するかの「小さなヒント」を教えてくれたものだと、ある従業員は回想している。

これらの機会は「またとない最良のセミナーだった」と、ロバーツの教えを受けた別のマネジャーも語っていた。カマートと一緒に車でオフィスから帰宅することが多かったICICI銀行のある幹部によると、カマートはこうした時間を利用して指導するのを好んだ。どんな質問も歓迎し、ビジネス哲学から個人的な精神性のことまで、あらゆることについて考えを示してくれたという。

高名なシェフであり、コペンハーゲンに共同経営のレストラン「ノーマ」を構えるグルメな起業家でもあるレネ・レゼピは、部下を連れ出して教える点では群を抜いている。2012年には、スタッフ全員をロンドンに連れていき、10日間限定で屋台を出した。数年後に同じチームで東京に2カ月間、その翌年にはオーストラリアのシドニーに10週間、2017年にはメキシコのトゥルムで7週間、期間限定で店を出した。

レゼピの説明によると、その目的は「さまざまな場所を探索し、新しい人々に出会って学ぶ」ことにある。誰もが料理の視野を広げられるようにする責任は自分にあると、彼は考えたのだ。帰国後、彼とスタッフは「新たに学んだことすべてを日常業務に活かそうとした」と述べている。

高度な教え方

筆者が研究したリーダーたちには、いつどこで教えるにせよ、尊大に構えたり、過剰な情報で従業員を押し潰したりすることなく、賢明さを備えていた。彼らが用いていたのは、次のようなより繊細な技法である。

カスタマイズして指導する

一流の教育者は個別化を取り入れて、個々の学生の学習状況に合わせて指導や支援を行うが、優れたビジネスリーダーも同じことをしている。部下一人ひとりに対して、その人特有のニーズや個性、発達の軌跡に合わせたやり方で教えなければならないことを知っているのだ。

クレイグズリストの創設者であるクレイグ・ニューマークは、IBMのある地方支社で、当時の上司からこの種の的を絞った助言をもらったと回想する。ニューマークはある件で知ったかぶりの振る舞いをした。後で上司から脇に呼ばれて、「大した問題ではないことで、人の間違いを指摘してはいけないよ」と静かに諭されたという。

サンダースの下で働いていたある上級マネジャーも、同じような出来事があったそうだ。その人は、ビジネスパートナーとなるかもしれない人々を招いた重要な会議で「君ら」(you guys)という言葉を使った。会議は成功したのだが、サンダースは後でこっそりと、くだけすぎた言葉遣いについて注意した。「彼は父親のように私の肩に手を回して」、会議は上出来だったが、「もっとうまくできたはずだ」ときっぱりと指摘した。それ以後、その人は「君ら」という言葉を仕事で使わなくなったという。

ロバートソンは的を絞った助言を提供する達人であり、より一般的な言い方をするなら、教え子とのその場のやり取りをカスタマイズするのに長けていた。「彼は、どうすればその人がやる気になるか、どうすればその人から最大の成果を引き出せるかを突き止めるのが非常に得意でした」と、コールマンは説明する。「励ましたほうがいい人もいれば、バツの悪い思いをさせたほうがいい人もいます。ロバートソンは最も効果が上がると考えたことに従って、自分のアプローチを変えていました」

質問する

並外れたリーダーたちはまた、ソクラテスの問答法に倣い、関連性のある鋭い質問をすることで指導する。それは、みずからの学びを深める過程で、という場合が多い。フリストは「常に徹底的に質問して、何が起こっているかを知ろうとしていました」と、HCAのある同僚は述べている。その行いは「自分自身の教育のためであって、何か適切もしくは不適切なことをしていると相手に思わせるためではありません。教育のためにあえて口にしたのです」

レストランを経営するブリンカーも同じように「常に質問をしていた」と、直属の部下であった元上級幹部は述べている。「『これについて、あなたはどう思うか。あれについてはどうか。これが自分のレストランだとすれば、ほかにどのようなやり方を取るつもりか』と尋ねるのです。彼は部下にも同じことをするように促していました。『従業員に話したか。お客様からどのようなフィードバックをもらったか』と」

模範を示す

調査したリーダーたちが共通して用いていた、もう一つの強力な教え方は、最も単純な戦術、すなわち、模範を示して導くことだ。これはすでに説明した他の技法と組み合わせて用いられる。

プリンストン大学投資会社の社長であるアンドリュー・ゴールデンは、元上司でイェール大学最高投資責任者のデイビッド・スウェンセンについて、「野心的な新規採用者に対して、自分に手伝えることは何でもすると約束し、能力開発のみならず、その人に準備ができている場合は転職の支援さえもすることで知られていた」と報告している。ゴールデンが現職に就くことになったのも、まさにそのおかげだ。ゴールデンをはじめとする教え子たちは、スウェンセンがこの戦略を用いるのを見て学び、いまではみずからそれを実践している。「これは素晴らしい採用ツールだ」と、ゴールデンは語る。

直属の部下の話によると、フリストは「会社を構築しまとめることにかけては、信じがたいほど創造的」であり、そばにいるだけで「格段に冒険的になる」術が学べたという。別のマネジャーも、フリストから話を聞くのと同じくらい多くのことを、「その姿を見ることで学べた」とコメントしている。時には、目の前で正しい手本を示されるだけで、新しい行動が取れるようになるのだ。

＊　＊　＊

結局のところ、偉大なリーダーというものは、たとえわずかでも質の高い一対一の教育を行うならば、大きな効果が生じうることを知っている。上司として従業員の注意を引き付けて教えれば、従来型のリーダーシップ研修で提供される内容よりも、関連性が高く、よりタイムリーで、より個人に合った指導ができる。あなたが教師の役割を引き受けるならば、忠誠心を育み、チームを大きく成長させ、より優れた業績につながるのだ。

教育は、よきマネジャーにとって単なる「おまけ」ではなく、欠くべからざる責任である。部下を教え導いていないならば、あなたは真のリーダーとはいえない。

第3章

リーダーは「二者択一」の発想を捨てよ

デラウェア大学 アルフレッド・レーナー・カレッジ・オブ・ビジネス・アンド・エコノミクス 准教授
ウェンディ K. スミス
シティ大学 ロンドン・カス・ビジネススクール 学部長
マリアンヌ W. ルイス
ハーバード・ビジネス・スクール 教授
マイケル L. タッシュマン

"Both/And" Leadership"
Harvard Business Review, May 2016.
邦訳「リーダーは二者択一の発想を捨てよ」
『DIAMONDハーバード・ビジネス・レビュー』2017年5月号

ウェンディ K. スミス
(Wendy K. Smith)
デラウェア大学アルフレッド・レーナー・カレッジ・オブ・ビジネス・アンド・エコノミクスの准教授を務める。

マリアンヌ W. ルイス
(Marianne W. Lewis)
シティ大学ロンドン・カス・ビジネススクールの学部長を務める。

マイケル L. タッシュマン
(Michael L. Tushman)
ハーバード・ビジネス・スクールのポール R. ローレンス MBA1942 年クラス記念教授を務める。経営学を担当。

スミスとタッシュマンは W. L. ゴア・アンド・アソシエーツでプレゼンテーションを行い報酬を得たことがある。

組織の矛盾を受け入れよ

ジャック・ウェルチはかつて、最高のリーダーは「堅物で退屈」な人物だと主張した。経営論の専門家たちも大筋でこれに合意していて、判断に一貫性があり、約束を忠実に守り、全体方針を遵守するのが優秀なリーダーだと認識されている。

問題は、私たちがいくらリーダーの一貫性を尊んでも、私たちが生きるこの世界では（少なくとも長期的には）それが報われないということである。

リーダーたちが相矛盾する課題を抱えていることは、誰でも知っている。彼らは既存の商品をこつこつ改良することに迫られる一方で、新たなビジネスモデルに基づいて従来とは抜本的に異なる新商品を発明しようとしているかもしれない。あるいは、グローバルなネットワークを目指しつつ、地域特有のローカルなニーズにも対処しようとしているかもしれない。

どちらかの課題を優先することで乗り切ろうとするCEOもいれば、トレードオフを協議することですべての利害関係者が納得する妥協点を探ろうとするCEOもいる。いずれにせよこれらのアプローチに共通するのは、相容れない課題に対して、一つの固定的な解決策を与えようとしている点だ。そこには、組織が繁栄するためには安定が必要だという暗黙の前提がある。

筆者らは、このようなリーダーシップ像に全面的に反対する。なぜならその根底にある事業環境の認識が誤っているからだ。本稿のテーマは、計算ずくの選択や妥協を招くような目標のぶつかり合いを解決することではない。現在の「長期目標」が将来の「短期目標」になることからもわかるように、これらは延々と続く根源的なパラドックスなのだ。

一つの目標に偏れば、別の目標を求める声が上がる。事業環境やそこで活動するプレーヤーが変われば、均衡が破られる。そしてしばしば多大な価値が失われて危機に発展し、リーダーたちはそれまでとは異なる秩序に従うことを迫られる。これが新しいサイクルが始まる原動力となるのである。

本稿では、リーダーシップの目標を組織の「動的平衡」を維持することに置いた、新しいモデルを提案する。この目標を掲げるリーダーは一貫性にこだわらない。その代わりに、意図的かつ自信を持って目の前のパラドックスを受け入れる。幹部チームは、矛盾し合う責務を理解し尊重するために一つひとつを切り分ける（たとえば、新たなビジネスモデルを開発する独立ユニットを創設する）と同時に、各責務の相互依存性を活かしてシナジー効果を得るために、それらの結び付きをマネジメントする。そうすることで、動的平衡を生み出すのである。

リーダーシップのパラドックス

筆者らは20年に及ぶ企業研究の中で、上級幹部がおのおの対立する目標の達成にひたすら打ち込み、そのことがしばしば組織の分裂を招いている例を目にしてきた。この種の対立関係やパラドックスの特徴は、多くのリーダーが「二者択一」(either/or)の問題ととらえている3つの問いに関連して、3つのカテゴリーに分類することができる。

今日のための経営か、明日のための経営か

企業が長期的に生き残れるかどうかは、新たな商品、サービス、プロセスを探究する中で行われる実験やリスクテイク、失敗からの学習にかかっている。そのため、タイムフレームの認識をめぐる対立関係には非常に重要な意味がある。

その一方で企業には、既存の商品、サービス、プロセスを最大限に活用するための一貫性や規律、そして持続的に関心を持ち続けることも求められる。このような「イノベーションのパラドックス」には、今日と明日、既存商品と新商品、安定と変化の対立が含まれる。

たとえば1990年代後半、IBMの上級幹部はインターネットの波が最高潮に達したことを受けて、自社の将来はこのテクノロジーを使いこなすことにかかっていると考えた。しかし同社は、クライアント/サーバーシステムの市場ですでに確立している強みを維持することにも力を入れた。

2つの戦略はそれぞれ異なる体制、文化、報酬体系、測定基準を必要とし、同時並行で進めることは容易ではなかった。既存の世界に専念する幹部と新興の世界を支持する幹部は、どちらも自分のアイデンティティが脅かされていると感じていたため、2つの戦略を進めるためには両者の対立に対処する必要があった。

境界を守るか、その向こうに踏み出すか

リーダーたちは常に境界線——地理、文化、機能の境界——をめぐって決断を下したり撤回したりしている。地理的に分散したサプライチェーンは優れた効率性を発揮するが、柔軟性には欠けるかもしれない。分散型のイノベーションは多様なアイデアを生み出すが、最も優秀な社員が一つの場所に集まらないという点で、一定のメリットが失われる。

このような「グローバリゼーションのパラドックス」は、グローバルな結び付きとローカルな要件、広さと深さ、協力と競争といった対立関係を浮き彫りにする。

NASA（米国航空宇宙局）でヒューマンヘルス・アンド・パフォーマンスのディレクターを務めるジェフリー・R・デイビスは、2009年、企業や専門分野の枠を超えるコラボレーションによって新たなナレッジの創出を促す取り組みを開始した。しかしその後の18カ月で彼が直面したのは、自分の専門領域や独立した研究者としてのアイデンティティを守ろうとする科学者たちからの猛烈な反発だった。テクノロジーの進歩によってオープンでコラボレーティブな研究が可能になればなるほど、NASAの科学者たちは個人の功績の評価に懸念を深めていった。新しいアイデアを生み出すためにはコラボレーションと独立した作業の両方が必要だったが、組織的にも文化的にもこれらを両立できる状況になかったのだ。

重視するのは株主や投資家のための価値か、より広範な利害関係者のための価値か

すべての企業は価値を生み出すために存在する。しかしリーダーは、自社の収益を最大化することと、

より広い人々（投資家、従業員、顧客、そして社会）に利益をもたらすこととの間で板挟みになる場合がある。

貧困問題や気候変動に対する社会的関心が高まっていること、テクノロジーが消費者運動の道の開き力を与えたこと、人的資本が価値を生み出す重要な原動力だと認識されるようになったことなどを受けて、このようなせめぎ合いが顕著になっている。しかし、社会的責任を果たそうとすれば株価が下がる可能性があるし、従業員を優先すれば株主や顧客の当面の要求を満たせない可能性がある。企業はこのような「責任のパラドックス」への対応に苦慮している。

たとえば、ユニリーバCEOのポール・ポールマンが２０１０年に開始したユニリーバ・サステナブル・リビング・プランは、２０２０年までの目標として、10億人以上のすこやかな暮らしを支援し、同社の環境負荷を半減させながらビジネスを2倍にすることを謳っている。ポールマンによると、社会や環境への投資は長期的により多くの利益をもたらすが、短期的な利益だけを追求すると、社会や環境に害を与えるような判断が助長されることがある。この議論には多くの人々が賛同するが、プランを実行するに当たり、彼はいまもなお困難に直面している。プランに内在する不確実性や曖昧性に幹部らが大きな不安を感じ、リソース配分をめぐって争っているのである。

このような二者択一の問いに明確な答えが出ることはけっしてない。その理由の一つは、そこで提示される選択肢が、実際には白か黒かで決着するものではないからである。この種の問いは、矛盾しつつそれと同じくらい依存し合う別の要求を検討することを促している。たとえば、イノベーティブな行動は効率的なオペレーションと相容れないかもしれない。しかし場合によっては、イノベーティブでなければ効率性を発揮できないことがある。また、効率を上げる方法を知らなければ、けっしてイノベーションが実現することはない。

このような相互依存関係のある対立は、戦略的パラドックスになる。そしてリーダーは、固定的な答えを求める従来の二者択一の議論ではなく、「両立」(both/and)の試み(「どうすればXとYを同時並行で進められるだろうか」)として、問いをとらえ直すことを求められるのだ。

もちろん両立アプローチの導入は簡単なことではない。対立する要素間の関係は、時間の経過とともに、また競合企業の動向やその他の外的イベントに対応することで、変化していくだろう。たとえば、企業がイノベーションを犠牲にして短期的な業績を重視する場合、イノベーションに投資しないことのリスク——そして将来の利益増加につながったかもしれない機会の逸失——は時間とともに増していく。

株主と幅広い利害関係者の要求の対立をマネジメントする必要に迫られたユニリーバは、より密接につながり合った世界を追求することを決め、いかにグローバルな繁栄とローカルなニーズのバランスを取るかという課題に取り組んだ。このことをきっかけに、既存商品の強化か、それとも明日のためのイノベーションかという議論が始まった。

この事例は、一つの戦略的パラドックスに対処するためのアクションが別のパラドックスに影響したり、時に新たなパラドックスを誘発したりすることを示している。つまり、絡み合った対立関係に個別のアプローチで対処しようとしても、成功するわけがないということだ。

さらに、矛盾する要素がしばしば組織の異なる部署や階層で生まれることから、戦略的パラドックスは社内の摩擦を引き起こす大きな原因になる。大きな企業では、そこに働く人々の専門的なアイデンティティ、ネットワーク、能力、インセンティブ、地域を反映して、社内にさまざまな文化が存在することが普通である。

たとえばR&D部門には、学問的な領域やコミュニティに根差したアイデンティティを持つ科学者気質の人が多く、彼らは新規アイデアを生み出すことで報酬を得る。マーケティング部門や営業部門の人々は、顧客、なかでも大口顧客と密接に関わることが多く、売上高を伸ばすことで報酬を得る。長い目で見れば、新たなアイデアによって売上高が伸び、売上高が伸びることでアイデア創出を支えるリソースがもたらされる。しかし短期的には、営業とイノベーションは優先権をめぐって争う関係に見える。

事業ユニットに所属する人々はパラドックスのどちらかの側につく傾向があるため、そこに実際の摩擦が発生しうる。たとえば、CEOや上級幹部はしばしばストックオプションをモチベーションにしているため、即時の収益を追い求めるようになり、結果として資本市場の圧力の影響を受けやすくなる。だがこれに対して、営業部門が長期的な関係を構築して維持することを主な原動力としていたとしたら、両者の間には深刻な軋轢が生じる可能性がある。営業部門が業務上の信用を得るために必要だと考えている投資を、上層部は格好のコスト削減対象だと考えるかもしれない。同様に、自動車メーカーの製品設計担当者は、素晴らしい車をつくり出すクリエイティブな技術者であることに誇りを持っていて、経営陣から経費節約の一環として標準化の圧力をかけられることを快く思わないかもしれない。

戦略的パラドックスに内在する特徴により、このような環境での経営は非常に難しいものになる。リーダーの課題は、どちらかの選択肢を選ぶことではなく、どちらも対処しなければならない必須事項だと認識することである。このように二者択一から両立へと思考を変えるには、対立し合う要求を長い目で見て満たすために、短い期間でフォーカスを切り替えていくことが求められる。相反する要求の間で振れ幅を大きく取るのではなく、成長と持続可能性を実現できるように意図的に小幅なシフトを繰り返さなければならない。

パラドックスを受け入れるマインドセット

パラドックスを受け入れるリーダーシップは、リーダーシップに関する暗黙の前提を見直すことから始まる。そうすることで、新たな方向に進み始めることができる。

意図的な一貫性から一貫した非一貫性へ

欧米では特に、矛盾に対する反感が深く根付いている。アリストテレスの論理学では、矛盾や対立の存在を、より正確で一元的な真理を追究する余地がある証拠だととらえる。つまり、ある見解が「正しい」ならばその逆は誤りであり、もしそう言い切れない場合は見解を見直して矛盾を取り除くべきだと考える。また、人は一般的に、真理と見なされているものと一致しない決断や行動に踏み出しにくい。これは心理学者のレオン・フェスティンガーが「認知的不協和」と呼んだ不快感を覚えるからである。

これと同じ不快感は、価値観が対立する時にも表れる。ホールフーズ・マーケットが最近実施した調査によると、同社の従業員は、利益を出しつつ世界をよりよい場所にするという、明らかな二面性のある同社の使命を理解していた。しかし各店舗で働く人々の大半は、使命のどちらか一方の側面——組織の利益の優先か、社会・環境面の目標達成か——にしか共感していなかった。

相矛盾するように見える2つのアイデアがある場合、どちらか一つだけを選んで推進すれば、認知的不協和を最小限に抑えることができる。したがって、従業員たちが往々にして対立要素の一方を取り上げて一貫して支持し、それによってパラドックスがもたらす対立関係に対処しようとするのも無理はない。

しかし話が組織のトップとなると、一貫性は持つべき美徳だとはけっしていえない。実際には一貫性は悪癖であり、リーダーが戦略的パラドックスに適切に対処することを妨げる。上級幹部は、複数の、そしてしばしば対立し合う真実を受け入れながら職務に当たらなければならない。一貫して非一貫的な姿勢を保ち、非一貫性をマネジメントすることに注力する必要がある。ホールフーズの調査では、財務的な責務と社会的使命の両方をうまく受け入れられる従業員が、最もリーダーの地位に昇進する可能性が高いことが明らかになった。

稀少なリソースから豊富なリソースへ

従来型のリーダーシップは、リソース（時間、資金、人材など）は限られているというスタンスを取る。組織の下位の管理職が直面する制約を考えると、このことは至極当然である。通常、リソースを決めるのは上層部であり、自分がその地位に立たない限り状況が大きく変わることはない。しかしそのレベルに昇進する頃には、リソースは稀少なものだという認識が深く刷り込まれる。制約の原因を探ろうとすることが幹部の自然な行動になり、彼らはしばしば「市場の期待」や「競合企業の脅威」にその答えを見出す。

しかし、リソースには制約があるという前提を立てた場合、必然的に行き着くのはゼロサム思考だ。つまり、ある目標にリソースを注ぎ込んだら、別の目標に割り当てるリソースはなくなるという考え方である。これは異なるアジェンダに取り組むマネジャー間の対立を煽る原因になる。

これに対し、パラドックスを受け入れるリーダーはリソースについて異なる視点を持ち、リソースは豊富に存在してしばしば増殖するものだと考える。このような価値創出のマインドセットを持つ人々は、パイをさらに小さく切り分けようとするのではなく、パイを大きくする戦略を追い求める。たとえば新たなパートナーとのコラボレーションを模索する、代替テクノロジーを利用する、より柔軟なタイムフレームでリソースを動かして有効活用するといった方法だ。

長い目で見れば、複数の戦略を実行することによって、一つひとつの戦略がより多くのリソースを利用できる。ＩＴサービスを提供するインドのゼンサー・テクノロジーズの場合がまさにそうだった。同社で既存ソフトウェアのフランチャイズを担当していたリーダーたちは、自社の予備段階のソフトウェアに既存商品の売上高を伸ばす可能性があることに遅まきながら気づいた。

同様に、欧州の大手食品グループのコーヒー部門が開発した一杯ずつ抽出するイノベーティブなコーヒーメーカーも、新たなニッチ市場で成功を示し、新たな商品デザインを既存ブランドの売上増加に結び付けることで、当初の反発を乗り越えた。

安定性と確実性からダイナミズムと変化へ

リーダーは、統率力を行使すること、つまり複雑性を最小化し、安定性を強調するような判断を下すことによって、不確実性が部下に与える不安を軽減しようとする。これもまた無理のないことである。従来のリーダーシップ論や経営論は、秩序を重んじる軍隊の研究に多大な影響を受けているからだ。そのため企業のマネジャーたちに長らく推奨されてきたのは、みんなが同じ方向を向き、同じ言葉を話し、ベストプラクティスを共有できるような共通文化を構築することだった。

しかし戦略環境が変化した場合、このアプローチはしばしば守りに入ってしまい有害な行動を引き起こす。すでに述べたように、NASAのリーダーたちはオープンイノベーションの手法に抵抗した。これは、自分の研究に強いこだわりを持つ科学者らが、コラボレーションという構想に脅威を覚えたからである。かつてポラロイドが、順調だったアナログカメラ戦略（カメラ本体ではなくフィルムで稼ぐ）を、もはや写真をプリントしなくなった市場に適用することに固執し、それを一つの原因としてデジタル画像市場での戦いに敗れたことは有名である。

パラドックスを受け入れるリーダーは、安定性や確実性を目指す代わりに、ダイナミズムや変化を取り入れることを基本とする。リーダーは、感情面でも認知面でも新しいことをオープンに取り入れて、曖昧性のコントロールや排除を求めずにうまく対処する経営戦略を立てなければならない。これからの未来がどうなるかわからないこともあると認めて、謙虚さ――さらに言えば影響されやすさ――を保たなければならない。このアプローチが重視するのは、試行錯誤、学びを得るための批判的なフィードバック、そして持続的な調整である。

たとえば2000年代初めのレゴでは、組織変更の真っただ中で中間管理職たちが緊張関係にさらされていた。部下たちは不安を感じ、慣れ親しんだプラクティス、規則、期待されていたことが新しい世界でどのように機能するのかという点に懸念を表した。中間管理職は、個々の懸念に対応する代わりに、従来の組織的アプローチの中でどの部分を維持すべきかという問いを提起した。彼らは旧世界と新世界を調和させる方法を模索したのである。

この問いかけが対話のきっかけになり、上司と部下の双方が、永久的なソリューションを見つけようとすることから離れて、当面の「現実的な確実性」——前進するための支えになるが、将来的には調整の可能性があると見なされるもの——の確保を目指すようになった。

動的平衡のマネジメント

真実はいくつもあり、リソースは豊富にあり、管理者の役割は変化に抵抗することではなく対処することだという前提に立つことで、リーダーは組織を動的平衡の状態に導くことができる。これがパラドックスを受け入れるリーダーシップの肝である。しかし幹部チームの思考と感情を変えることは簡単ではなく、時間もかかる。さらに幹部たちはその役割や責任上、どれか一つの目標に非常に強い思い入れを持つことが多いため、それが対立を助長する要因になる。

したがってパラドックスの力を解き放つには、それを支える組織能力を幹部チームにも組み込む必要がある。そこでマネジャーに求められるのが、対立する勢力を切り分けつつ、結び付けることである。

切り分ける

パラドックスの潜在的な力を活用する第一歩は、異なるアジェンダに取り組む各グループの、それぞれのニーズを尊重することである。そのためには組織目標を要素に分解し、一つひとつ評価していくことが求められる。これを実現する方法の一つが、機能、地域、商品に基づく事業ユニットを創設して、それぞれに独自のリーダー、使命、測定基準、文化を持たせるようにすることだ。強力な営業・マーケティング部門は、主な利害関係者（顧客）に効果的にフォーカスを絞るだろう。強力な財務部門は、経済効率や、金融市場における自社のイメージの監視を怠らないだろう。また一つの機能部門の内部でも、いくつかのサブグループに分割する余地がある。たとえば、急進的なイノベーションチームを、漸進的な改善に取り組む部署から切り離して維持する企業が増えている。

とはいえ、組織の重要なタスクが互いに絡み合っている場合、一つひとつの責務に対応させて異なるユニットを創設することは不可能かもしれない。社内のグローバルな統合を、個々のローカル事業ユニットの力で進めなければならないことも多い。

こうした状況で行われる切り分け作業としては、各目標の探究に専念できる時間と場所を確保したり、複数の意思決定プロセスを用いたり、チームが戦略を切り離して考えられるようにするコミュニケーション手段を開発したりすることが考えられる。

恵まれない人々を雇用してデータ管理、調査、コンテンツのデジタル化など専門的なアウトソーシングサービスを顧客に提供し、数々の賞を受賞しているデジタル・デバイド・データ（DDD）の例を考えてみよう。困窮している人々に訓練と仕事を提供して貧困を軽減するという同社の社会的使命は、持続可能な事業を行うという目標といろいろな面でリンクしている。それにもかかわらず、同社の社会的使命と財務的な要件は、経営陣が戦略的課題を検討する中で――誰を雇用するか（より貧しい人々か、よりスキルのある人々か）、どこで事業を拡大するか（より貧困な地域か、事業のリソースがより豊富な地域か）――何度もぶつかり合った。2つの使命のもつれを解いて両者を尊重するために、同社の幹部は異なる測定基準で2種類の決算書類を作成することにした。

CEOのジェレミー・ホッケンシュタインが重役会議でたびたび問うのは、「この決定は我々の社会的使命にどのようなインパクトを与えるか」「この決定は我々のビジネスにどのようなインパクトを与えるか」ということだ。こうして各戦略の要件を検討することをマネジャーらに促しているのである。

結び付ける

結び付ける作業には、目標間のつながりやシナジー効果を探すことが含まれる。これを実行する方法の一つが、全社的なアイデンティティを構築し、より高い目的意識の下で人々を団結させることである。そうすることで従業員と幹部の両方が、対立する戦略の相互依存性を受け入れやすくなる。

NASAのジェフリー・デイビスは、ディレクターとしての最大の目標を「宇宙飛行士の宇宙での安全を守ることを目指す」と定義することで、協調的なイノベーションに対する科学者たちの抵抗を打ち破ることができた。安全に貢献するという視点に立てば、昔ながらの科学者たちもオープンソースの手

パラドックスを受け入れるリーダーシップ「両立」

▼前提	▼リーダーの言動
真のアイデア、信念、アイデンティティは、複数のしばしば一貫性のない見解の中に組み込まれている。	•相矛盾する戦略を同時並行で進める。 •複数の文化を受け入れ、尊重する。 •複数の見解から学ぶ。 •一貫して一貫性のない態度を取る。
リソースは豊富に存在し、増やしたり新たに生み出したりすることができる。	•既存のソースやツールの枠を超えて、リソースを増やす機会を求める。 •新しいテクノロジーや、コラボレーションのパートナーを調査する。 •より柔軟にタイムフレームを設定する。
ダイナミズムと変化を受け入れ、対処して管理する。	•複数の戦略やアイデンティティを受け入れる。 •不確実性に耐える。 •失敗から学ぶ。 •当面の現実的な対策を施して、実験を続ける。

法に参加する価値を理解できたのである。レゴも同様に、同社が「未来のビルダーを育てている」ことを再確認することを通して、大胆なイノベーションと規律正しい事業遂行の間の対立を乗り越えた。そしてDDDは、「貧困の連鎖を断つ」という真摯なコミットメントを宣言することで、事業活動と社会的使命を一つにまとめた。

リーダーは、異なる戦略目標を融合させるための役割やプロセスを設計することもできる。たとえば、事業のまとめ役としてイノベーションと既存商品を結び付ける責務を

図表3｜対立する要求に対する2種類のリーダーシップアプローチ

従来型のリーダーシップとパラドックスを受け入れるリーダーシップでは、真実、リソース、経営手法をめぐる基本的な前提が異なる。

従来型のリーダーシップ「二者択一」

	▼前提	▼リーダーの言動
真実	真のアイデア、信念、アイデンティティは内面的に一貫していて整合性がある。	•戦略的な選択をする。 •妥協点を生み出す。 •選択した戦略に基づいて一貫性のある判断をする。 •企業文化を一つにまとめる。 •一貫性のある態度を取る。
リソース	リソース（時間、資金、人材など）は稀少である。	•明確なアジェンダを設定する。 •優先事項が最善の方法で達成されるように、割り当てのトレードオフを行う。 •限りあるリソースをめぐる競争を促す。
管理手法	安定性と確実性を求めて、統率力を行使して管理する。	•全社的に一貫したアイデンティティを採用し、適用する。 •ベストプラクティスを奨励する。 •単純さを維持する。

負うマネジャーを指名することが可能だ。ある社会的企業でこのような任務を与えられた上級マネジャーは、「私は橋渡し役として、いがみ合う陣営を一つにまとめる役割を果たしました」と説明した。

また別の組織では、リーダーたちが統合された測定基準や報酬システムを用いてつながりを促進している。この場合もリーダーが「この2つの目標は互いにどのように支え合っているだろうか」と問いかけることによって、対話を促すことができる。DDDのホッケンシュタインは、経営チームのメンバーに社会的使命と財務目標の違いを検討させた後、この問いを投げかけてフォローアップしている。

動的平衡を目指して

組織の成功には、切り分けることと結び付けることの両方が必要だ。実際のところ、どちらか一方だけでは弊害をもたらすことがある。部門を切り離せば短期的に対立を防げるが、対立するグループ間で恩恵を与え合うことができないため、長期的には共通の価値観の創出が阻害される。

たとえばゼンサーの新しいソフトウェアプラットフォームは、当初は他のユニットから孤立していて、社内のマーケティングや営業の能力を活用することができなかった。CEOが配下のチームに、既存商品とイノベーションユニットの間に構造的な関連性を持たせることを促して初めて、新たなテクノロジーを既存顧客に届けられるようになったのである。

同様に、切り分けをせずに結び付けることも問題である。シナジー効果の促進を期待する上級幹部が、包括的なアイデンティティを掲げたり、全体的なミッションステートメントを強調したり、統一的な測定システムを開発したりするかもしれない。しかし、各利害関係者グループが持つ異なる価値やニーズを深く尊重することを促さなければ、うわべだけの歩み寄り、言わば「偽のシナジー効果」しか生まれない。最悪の場合、ある一つの見解だけが優位に立ってその他を萎縮させることにもなる。

このような問題を経験してきたのが、社会的企業やマイクロファイナンス銀行だ。ハイブリッド型のこの種の組織は、事業の目的を通して社会的使命を果たそうとする。しかし社会的使命にどれだけ力を入れるかという点を明確にしておかないと、往々にして短期的で明確な数値に表れる財務指標のほうが主導権を握り、そちらを中心にして重大な決断が行われることになる。グラミン銀行の創業者であるムハマド・ユヌスは、マイクロファイナンスに財務指標の圧力が広く蔓延していることを受けて、同業界の組織が「少額融資を巨額の利益の犠牲にしている」と嘆いた。

このような落とし穴を避けるために、賢明なリーダーは戦略ごとに異なる測定基準と報酬制度を設計し、場合によっては（ＤＤＤのように）異なる決算書類を作成する。さらにそれを補完するものとして、全社的な成功具合に基づく追加的な測定基準と報酬制度を設ける。そして彼らは、各戦略の固有の要件へのフォーカスを促すチームのダイナミクスを生み出しつつ、コラボレーションと学習が実現するような敬意と信頼に満ちた文化を育む。彼らは幹部チームのメンバーが複数の役割を果たす――自身の優先事項を主張しつつ、組織全体のニーズも考慮する――ことを理解している。

そして何より重要なのは、彼らがパラドックスを受け入れる度量の広さと、そうする以上は困難から解放されることはないと理解する謙虚さを兼ね備えていることである。

ノーベル賞を受賞した物理学者ニールス・ボーアはかつて、「パラドックスと出会えるとは、何と素晴らしいことだろう。そのおかげで進歩の希望が生まれるのだから」と言った。昔から優れた功績の核心にはパラドックスがあって、深淵な真実を明らかにしたり、創造性を引き出したりしてきた。アルバート・アインシュタインの相対性理論をはじめとする進歩も、相反する要求に意味を見出そうという個々の取り組みから生まれたものだ。ますます不透明感、複雑さ、厳しさを増す事業環境の中、生き残って世界に貢献できる見込みが最も大きいのは、戦略的パラドックスを受け入れるリーダーを擁する組織なのである。

パラドックスを受け入れるリーダーシップの実践

W・L・ゴア・アンド・アソシエーツのCEO、テリ・ケリーへのインタビュー

戦略的パラドックスの管理方法について、ゴアテックス素材をはじめ革新的な商品を生み出す企業を率いるテリ・ケリー氏に、筆者の一人ウェンディ・スミスが話を聞いた。

スミス（以下太文字）：主にどのようなパラドックスに対処していますか。

ケリー（以下略）：管理しようと日々努めているパラドックスがいくつかあります。1つ目は、短期目標と長期目標の両立です。2つ目は、イノベーションに適切なフォーカスを当てつつ、効率性や有効性の改善を進めることです。そして3つ目は、我々が「小さなチームの強さ」と呼ぶものと、より大きな全社的ニーズのバランスを取ることです。日常的にこのような対立のバランスを取ることに努めています。

対立関係をマネジメントするために、CEOとしてどのようなことをされていますか。

対立を浮かび上がらせて明確にし、誰の目からも常にはっきりと見える状態にしておくことを心がけています。これは効果的な方法です。対立関係について議論する時には、両者の重要性に優劣をつける選択という観点では

なく、目指すべきバランスという観点に立つことが重要です。

両極端の見解の一方を捨てても一方だけを取り上げ、過度に単純化する手法——たとえば「何としても短期的な結果を出さなければならない」といったように——は間違っていると思います。これをしてしまうと、左右のガードレールに交互にぶつかりながら走ることになります。それよりは、短期目標と長期目標の「両方」にフォーカスを当てる議論のほうがずっと有効です。そうすることで、内在するパラドックスを尊重しながら対処する方法を、組織に教えることができるのです。

対立ありきの組織を、どのようにつくり上げるのですか。

いまも成長を続けている弊社にとって、これは重要な質問です。方法の一つは、異なる構造をつくることです。たとえば弊社では、イノベーションと日常業務では必要な管理体制が異なると考えます。この2つの活動では、求められるマインドセット、スキル、フォーカス、タイムフレーム、測定基準がすべて違います。そこで我々は、それぞれを管理する別の組織構造をつくりました。しかし同時に、両方のチームが全体に対する貢献を互いに評価し合うようにするなど、両者を明確にリンクさせるようにしました。

イノベーションの取り組みを完全に切り離してしまうと、そこで考案されたものを既存ビジネス側が受け入れない事態を招くおそれがあります。また、イノベーターたちが既存ビジネスの人材やリソースを活用する機会も失われます。しかし弊社はリーダーに期待することの一つとして、両方の活動を尊重し、配下のチーム内でそれを強化することを推奨しています。

第4章

部門横断的に巻き込み高業績を実現する力

INSEAD 教授
ハーミニア・イバーラ
カリフォルニア大学バークレー校 教授
モルテン T. ハンセン

"Are You a Collaborative Leader?"
Harvard Business Review, July-August 2011.
邦訳「部門横断的に巻き込み高業績を実現する力」
『DIAMONDハーバード・ビジネス・レビュー』2012年4月号

ハーミニア・イバーラ
(Herminia Ibarra)
INSEADのコーラ記念講座教授。組織行動論を担当する。著書に*Working Identity: Unconventional Strategies for Reinventing Your Career*, Harvard Business Review Press, 2003.(邦訳『ハーバード流キャリア・チェンジ術』翔泳社、2003年)がある。

モルテン T. ハンセン
(Morten T. Hansen)
カリフォルニア大学バークレー校情報学部教授。INSEAD教授を兼ねる。著書に*Collaboration: How Leaders Avoid the Traps, Create Unity, and Reap Big Results*, Harvard Business Review Press, 2009.(未訳)がある。

マーク・ベニオフのひらめき

セールスフォース・ドットコムの会長兼CEOマーク・ベニオフは、社員たちが新しいソーシャルテクノロジーを使っているのを見て、はたとひらめいた。

同社では、フェイスブックにヒントを得て、同僚や顧客の動向を追跡し、情報やアイデアを共有できるチャッターという法人向けアプリケーションを開発し、社内の一部で試用していたが、全社的に広げようと考えていた。

チャッターへの書き込みを読んで、ベニオフはあることに気づいた。つまり、重要な顧客情報を持っており、会社に付加価値をもたらす社員たちについて、自分たち経営陣はまったくと言ってよいほど何も知らないと。

かたや社員たちにすれば、経営陣は曖昧模糊とした存在であることも、彼は承知していた。たとえば、ちょうどその時、幹部社員だけが参加する年1回のオフサイトミーティングが間近に迫っていたが、社員たちと話していると、この非公開の場で何が話し合われているのかを知りたがっていることがありありとわかったのである。

ベニオフいわく、「社員たちは、我々がマントをまとい、まじないでも唱えているんじゃないかと思っていたんですよ」。

経営陣を社員にとって身近な存在にするには、どうすればよいだろう。彼は自問した。そしてひらめいた。チャッターを利用して、オフサイトミーティングの扉を開けてみようと。

その会議に招集された200人の管理職を出迎えたのは、いつもとはまったく異なるセッティングであった。そこには、5000人のセールスフォース・ドットコム社員全員も「バーチャル」で参加していたのである。

会場の至るところに大型モニターが置かれ、その画面には今回のオフサイトミーティングのために特別に用意された「チャッターフォーラム」が映し出されていた。管理職全員にiPod touchが手渡され、またチャッターフォーラムに書き込みができるよう、各テーブルにはもれなくiPadが置かれていた。つまり、このミーティングの様子は、ビデオサービスによって全社員にリアルタイムで放映され、チャッターを使って意見を投稿することができるのだ。

会議は紋切り型のプレゼンテーションで幕を開けたが、管理職たちは自分たちが何をすればよいのか、よくわからなかった。また、最初はいつも通りで、変わったことは起こらなかった。

そこで、ベニオフはテーブルの上のiPadに手を伸ばし、チャッターにコメントを書き込んだ。自分が面白いと思った意見についてコメントし、それに少し興を添えるためにジョークを書き加えた。ベニオフに続き、何人かの管理職が意見を書き込んだ。すると、この様子をオフィスで見ていた社員たちが返事を寄こしてきた。後は雪ダルマ式である。

「その瞬間、この会議は選ばれた人たちだけが参加するものから、全社員が参加する場へと変わったのです」とベニオフは話す。

さまざまな意見が飛び交った。テクニカルメディア戦略の責任者、スティーブ・ギルモアはこう述懐する。「我々は、その部屋に人々の熱意がみなぎっているのを感じました」

このような意見のやり取りは、当の会議が終わった後も何週間と続いた。より重要なのは、ベニオフが全社横断的な議論へと発展させたことで、会社のミッションに全社員の目を向けさせたことである。そして、このイベントのおかげで、同社の企業文化はよりオープンで、より権限委譲を奨励するものになった。

セールスフォース・ドットコムの管理職や社員のように、現代のビジネスパーソンたちは、社内のみならず、サプライヤー、顧客、政府機関、大学とコラボレーションしながら働くことがこれまで以上に増えている。

グローバルなバーチャルチームも、かつては珍しかったが、いまでは当たり前になっている。また、フェイスブック、ツイッター、リンクトインなどのソーシャルネットワーキングサービス（SNS）、テレビ会議、その他の技術を通じて、人と人のつながりはより緊密化し、以前ならば不可能だった新しい形のコラボレーションが実現した。

その一方、多くのビジネスリーダーが、このようにさまざまな人々が結び付き連携し合う環境のためのルールブックを必要としている。

コントロール・アンド・コマンド（統制と命令）型のリーダーシップスタイルによって縦割り組織の中で出世の階段を上ってきた人たちにとって、この新しい現実に順応するのは難しいことかもしれない。かたや、コンセンサスによってチームを率いるマネジャーの場合、意思決定を下しても（またそれを実行に移してでも）、すぐに壁にぶつかってしまうかもしれない。試行錯誤しながら正しいリーダーシップスタイルをつくり上げることは一筋縄ではいかない。

高業績CEOに関する調査[注1]の一環として、筆者らはコラボレーションリーダーの条件について研究したところ、以下の4つのスキルに優れている必要があることを見出した。

- 「コネクター」（人と人を結び付ける者）の役割を果たす。
- さまざまな人材と関係をつくる。
- トップがコラボレーションの範を垂れる。
- チームが泥沼の論争に陥らないために強力な影響力を発揮する。

幸い、これらのスキルがいずれも学習可能なものであり、またビジネスリーダーたちが長期的に優れた業績を生み出す一助になっていることを、筆者らの研究結果は示している（**図表4-1**「あなたのコラボレーション力を診断する」を参照）。

「コネクター」になる

マルコム・グラッドウェルは、自身のベストセラー『ティッピング・ポイント[注2]』の中で、「コネクター」

図表4-1｜あなたのコラボレーション力を診断する

社内外を問わずコネクターを演じる

- 自分の専門分野以外のカンファレンスに参加したりするか。
- 「ヤング・プレジデンツ・オーガニゼーション」（YPO）のようなグローバル・ネットワークの一員か。
- ブログやeメールなどを通じて、トレンドやアイデア、社外で知り合った人について定期的に発信しているか。
- 現在の仕事や業務とは直接関係のない外部者（たとえば競合他社、消費者、政府官僚、アカデミズムなど）と会う機会はどれくらいか。
- 社外の何らかの組織で役員を務めているか。

周りの人たちと絆を深める

- 国籍、性別、年齢から見て、あなたのチームはどれくらい多様性に富んでいるか。
- 海外で過ごす時間はどれくらいか。
- 今年、自社が進出している新興国市場の視察に出かけたか。
- （自分の子ども以外で）20代の人たちの知り合いがいるか。

コラボレーションはリーダー自身から始める

- チームメンバーたちが、自分の目標以外で、連帯責任を負うものがあるか。
- 直属の部下の報酬は、チーム全体の目標や責任に影響されるか。
- チーム内の権力闘争をなくすために、具体的にどのような対策を講じたか。
- 直属の部下たちに、業績目標と学習目標の両方を与えているか。

強い影響力を示す

- ここ半年以内で、コラボレーションを必要とするプロジェクトを中止したことがあるか。
- ビジネスチャンスが訪れたら、すぐさまチームを立ち上げる、あるいは解散するなど、状況に応じてマネジメントしているか。
- 議論に折り合いをつけて決定を下してもかまわないことを、社内のキーパーソンたちは知っているか。
- あなたのチームは、激論の末に下された決定でも、それに一丸となって取り組めるか。

という言葉を用いて、さまざまな社会と結び付いている人々について描いた。

コネクターの重要性は、知り合いの数の多さによって説明することはできない。むしろ、普通ならば遭遇することのない人々やアイデア、資源などを結び付ける能力にある。ビジネスの世界では、コネクターはコラボレーションに棹差す役割を果たす。

アカマイ・テクノロジーズ社長のデイビッド・ケニーにとって、コネクターの役割を果たすことは、付加価値を生み出す方法の中で最も重要なものの一つである。実際、世界中を飛び回り、社員やビジネスパートナー、そして顧客と会って話すことに自分の時間の多くを費やしている。

「（我々はコンテンツ配信事業を営んでいるので）さまざまなメディアの責任者の方々にお目にかかっては、デジタルプラットフォームやフェイスブック、新しい価格体系などについて、どのように思っていらっしゃるのか、お話を伺ったり、マイクロソフトのリーダーの皆さんからクラウドコンピューティングの展望について教えてもらったりしています。お客様が、マクロ経済の問題、G20、あるいは国の負債が将来の世代にどのような影響を及ぼすのかなど、どのようなお考えをお持ちなのか、とても興味がありますね」

このような会話を交わすことで、新しい戦略的洞察や結び付きが得られ、アカマイが外部とのパートナーシップを築く一助になっている。

社外と社内を結び付けることも、ケニーにとって大変重要な課題である。そのために、彼はあれやこれやと戦術を弄する。

「まず、フォースクエア（位置情報に基づいたSNS）にちょくちょくログインして、フェイスブックとツイッターに自分がいまいる場所を書き込みます。こうして、あちこちに散らばっているアカマイ社員たちに私の居場所を教えるのは、階層を問わず、提案や問題点を私に伝えてもらうためです。第2は、どこかの支社や事業所を訪れた時には、必ず20代から40代の人たちと昼食やお茶をします。また、オフィスの中を一緒に歩いていると、いろいろな人たちが一番関心のあることについて尋ねてきます。そのような時、私は、質問してきた人とその件について明るい他の社員、時には他社の人を関連付けるように答えることが多いですね。第3は、お客様や同僚と会っている時、有望なビジネスチャンスに気づいたら、それをフォローするためにスケジュールを調整し、それにふさわしい社内の専門家を派遣します。第4は、出張する時はいつでも、その地の知人と会うことにしています。その際、アカマイの誰かを一緒に連れていきます」

２０１１年2月に発表されたエリクソンとの戦略的提携は、こうしたケニーの人脈づくりの賜物である。アカマイは、このモバイル通信業界の巨人と協力して、モバイル機器における一般消費者のインターネット体験を改革しようとしている。

そもそもこのパートナーシップは、２００９年11月に開催されたモナコ・メディアフォーラムで、ケニーがエリクソンの中堅幹部と交わした会話から発展したものだった。

「この時の会話によって、エリクソンの将来性について私の見方はガラリと変わりました。そして、我々はどちらも似たような技術的問題を解決しようとしていることがわかったのです。そこで、共通の友人を通じて、エリクソンのＣＥＯと会う手はずを整え、エリクソンのチームでこの件にふさわしい人たちとアカマイ関係者とのミーティングを設定しました」

今日、社長やCEOだけが社内と社外を結び付ける役割を担っているわけではない。ゼネラル・エレクトリック（GE）のシニアバイスプレジデント兼CMO（最高マーケティング責任者）、ベス・コムストックの例を紹介しよう。

彼女は、週1回更新される「ブラックベリー・ベス」というブログで有名だが、その中で、多忙を極める（そして、おそらく関心の矛先が社外より社内に向いているであろう）GEのマネジャーたちに代わって、社外で知りえたことを伝えている。このブログは、GEの営業、マーケティング、技術などの管理職たちに向けて発信されているもので、新鮮で含蓄にあふれている。

この中でコムストックは、人々が見落としているかもしれない興味深い情報について、GEが直面している課題やビジネスチャンスと関連していることを匂わせながら紹介している。

たとえば、世界経済フォーラムに出席して、科学者ばかりが登壇したパネルディスカッションで、技術だけでイノベーションを生み出すことはできず、創造性のトレーニングがよりいっそう必要であるという、GEの調査で得られたものと同じ結論に達したと書き込んでいる。

コムストックいわく、「私は、GEの大半の人たちが知らないであろう情報のキュレーターとなり、私たちの課題に関連付ける形に翻訳しようとしているのです。おそらく、自分の時間の半分はGE以外の世界に費やしています。こうすることで、自分の同僚たちがもっと外に目を向けるようになったら本望です。ここで申し上げたいのは、『私が自分の時間の一部をこのように使うことに意味があるならば、あなたの場合でもそうでしょう』ということです」。

社内と社外を結び付けるために、コラボレーションリーダーたちの人脈づくりは、各地域のクラブ組織、業界団体、顧客やサプライヤーとの関係など典型的な分野に留まらない。隣接業種、シリコンバレーのようなイノベーションのホットスポット、あるいは新興諸国、教育環境や文化の異なる人々にまで人脈を広げることで、新しいビジネスチャンスやパートナーについて社内の目を開かせる。

たとえば、コムストックがイノベーション分野で外部と接触しているおかげで、GEはNASA（米国航空宇宙局）と付き合うようになり、知見やベストプラクティスを共有している。また両者は、医療分野への応用も期待される宇宙技術についても議論し始めている。

さまざまな人材と関係をつくる

適切なリーダーがいれば、多様性に富んだチームのほうが好結果を生み出すことを、多くの調査が一貫して示している。したがって、経歴、専攻分野、文化、そして世代の異なる人たちをまとめ上げ、彼らの知識や技能をてこにして成果を生み出す能力は、リーダーに必須の能力といえる。

しかし、有能な人々を集めながらも創造性を殺してしまうような均質なプロセスに押し込むためだけに、時間、金、そしてエネルギーをいたずらに費やしている企業がまことに多い。

多くの多国籍企業では、たとえば、英語が母国語でない者は不利である。これらの人たちは、シニアマネジャーにすれば、英語が母国語の人たちのようには「リーダーらしく」見えず、昇進が見送られる。しかし、イノベーションが新興国市場で生じることが増えている時代にあって、このような事態を放置している企業は敗者となるだろう。

フランスのダノンは筆者らの調査で高業績企業の一つに挙がっているが、同社では、幹部社員たちがこのような障害でつまずかないように配慮している。たとえば、毎年開かれる戦略検討会議に集まる世界各地のマネジャーたちは母国語で発表してもかまわない。

会長兼CEOのフランク・リブーは、「英語があまりよく話せないことが障害にならないよう、通訳には金に糸目をつけません。当社の幹部社員の中には、母国の民族衣装を着て報告する者もいます。これは、英語が流暢に話せない人の昇進に限度を設けている競合他社から人材を引き抜くうえでも一役買っています」と語る。

英国に本社を置く、ホームケア製品、ヘルスケア製品、パーソナルケア製品のメーカー、レキットベンキーザーも筆者らの調査で高業績企業の一つであったが、同社の考えでは、人材の多様性はその競争優位の一因であり、1999年から2010年にかけて純利益が年平均17%増加した理由の一つでもあるという。

同社の経営陣は、特定の国籍に偏ることなく、オランダが2人、ドイツが一人、英国が2人、南アフリカが一人、イタリアが2人、インド人が一人という構成である。

CEOのバート・ベクト（2011年9月に引退）によると、「同じ部屋に、パキスタン人といようと中国人といようと、あるいは英国人やトルコ人であろうと、また男性であろうと女性であろうと、営業であろうと他の担当であろうと、とにかく異なる経験の持ち主であれば、問題ありません。さまざまな経歴の異なる人たちが集まれば、新しいアイデアが生まれてくるチャンスがはるかに広がるからです。

むろん衝突もいっそう増えるでしょう。ですが、それが建設的なものであり、その結果名案が生まれてくるならば、本質的に歓迎すべきものです」だそうだ。

彼が示唆しているように、多様性に欠かせないのは国籍だけではない。創造性が要求される業界に関する研究によれば、（特許の引用数、批評家からの賛辞、あるいは金銭的利益のいずれにおいても）高い成功を収めたコラボレーションは、ベテランと新人の混成チームであるか、これまで一緒に働いたことのなかった人たちを集めたチームであるという。リーダーには、このようにさまざまな人たちを寄せ集め、一つにまとめる努力が求められる。

好き勝手に任せておくと、よく知っている人や自分と同じような経歴の持ち主とコラボレーションするだろう。似た者同士のグループでは、偏狭な考えが広がり、イノベーションにとっては致命的になりかねない。

たとえば、前ノキア経営陣は全員フィンランド人であり、10年以上にわたって仲むつまじく働いてきた。このチームがシリコンバレーに端を発したスマートフォンの脅威を見極められなかったのはこのような同質性ゆえである、と多くの人たちが考えている。

チームの活気が失われないように、コラボレーションリーダーは定期的に新しい人材を招き入れる。コラボレーションをより活性化させる具体的な方法として、Y世代（1990年代中頃から2000年代初期の生まれで、オンラインで知識や意見を共有しながら成長してきた人たち）の社員を採用することが挙げられる。実際、リーダー企業の多くが、Y世代のアイデアや視点を活用する技術を活用している。

前述したように、セールスフォース・ドットコムは、経営陣のオフサイトミーティングをすべての社員に開放するためにチャッターを利用したが、Y世代のアイデアや視点を取り込む目的においても、これを活用している。

インドのHCLテクノロジーズでは、全社員がバーチャルに対話する場に参加し、自分たちにとって重要なテーマについて話し合う。またCEOのビニート・ナイアは、人気のブログを通じて、さまざまな部門の社員たちと個人的に意見交換している。

エンジニア人材の争奪戦が激しい中、このような「最良にしても最も聡明な」人材を引き付ける能力があったからこそ、HCLが2008年から2010年にかけて年30%成長を達成したともいえるだろう。

リーダーがコラボレーションの範を垂れる

リーダーたる者は、コラボレーションの機会を見出し、ふさわしい人材を集めるだけでは十分でない。みずからがコラボレーションの達人となり、そういう雰囲気を醸し出すことも必要である。

ミドルマネジャーたちがコラボレーションを試みても、たいてい上層部の社内政治や縄張り争いによって水泡に帰す。たとえば2010年2月、マイクロソフトの元バイスプレジデントが『ニューヨーク・タイムズ』誌に投稿した記事(注3)によれば、同社は10年以上前にタブレットコンピュータを開発したが、社内の他部門が共謀してこのプロジェクトを潰してしまったため、アップルの大ヒットに先んじることができなかったという。

問題の一端は、ＣＥＯとその部下で構成されるリーダーシップチームが実際にはチームとして十分に機能していないことにある。しかもこれらの面々は、社内の各種プロジェクトや業務に一貫性を持たせることについて相応の責任を負うことなく――そのためのインセンティブもないまま――地域や職能、あるいは製品やサービスを担当している。

ブラジルのナチュラ・コスメティコでは、ＣＥＯのアレッサンドロ・カールッチが、あらゆる階層にコラボレーション志向のマインドセットを植え付けるために、全員参加型の「エンゲージメントプロセス」を採用している。同社が『フォーチュン』誌の「トップ・カンパニーズ・フォー・リーダーズ」（優れたリーダーを輩出する企業）の上位にランクされているのは、このプロセスの存在が大きい。

このエンゲージメントプロセスが導入されたのは、ナチュラが２００４年にＩＰＯ（新規株式公開）で大成功を収めた後で、それは、経営課題に関して経営陣の中で意見の相違が生じ、会社の将来が危ぶまれた時でもあった。

カールッチは、共通の目標に向けてメンバーを一致団結させ、権力闘争を止めさせるために、経営委員会を再編する決定を下す一方、会社への献身の一環として、各メンバーに能力開発に努めるよう求めた。

執行役員たちはそれぞれ、外部のコーチの下、「自分を見つめ直す旅《パーソナルジャーニー》」に取り組んだ。なお、このコーチは、一人ずつインタビューする一方、全員集めての面談を実施した。カールッチは次のように振り返る。

「それは、通常とは異なるコーチングでした。自分の上司や部下と話すだけでなく、家族を含めた自分史について話したりもしました。それは、より全体的で、より広範で、人間のさまざまな役割を包括するものでした」

ナチュラの財務・IT・法務担当シニアバイスプレジデントを務めるロベルト・ペドーテはこう語る。

「自分たちがスーパーマンではないこと、ミスを犯すこと、怖いものがあること、そしてすべての答えを持ち合わせてはいないことを明らかにし、みずからに弱さの原因があることを気づかせたのがポイントだったと思います」

このエンゲージメントプロセスが導入されて以来、ナチュラ経営陣は協力して改革に取り組めるようになり、2010年には21％成長を実現した。この経営陣のコラボレーション志向は組織全体に浸透すると同時に、このプロセスも管理職全員に広がっていった。

部門横断的で、サプライヤーや顧客、消費者などを巻き込んだイノベーションに拍車をかけるには、短期の業績評価指標を重視する姿勢をきっぱりやめる必要がある。

スタンフォード大学心理学部教授のキャロル・ドウェックによれば、業績目標か学習目標のいずれかによって、人は仕事に駆り立てられるという。

業績目標が優先される職場では、人は知性やリーダーシップなど価値の高い特性の持ち主であることを他人に示そうとする。逆に、学習目標が優先されるならば、そのような特性を開発しようとする。そして彼女は、業績目標が課されると、学習を促す仕事よりも、自分をよく見せる仕事を重視するようになることを発見した。ならば、学習目標を意識させれば、マネジャーたちは他者に学ぶ機会により貪欲になるだろう。

ＨＣＬのビニート・ナイアは、コラボレーションへの強い意欲を示すために、経営陣の３６０度評価を、さまざまな社員が評価するという、まったく異なるものに変えた。

同社では、以前にも３６０度評価を実施していたが、それは比較的少人数から評価されるもので、しかも概して管轄下の人たちによるものだった。ナイアは自著の中で(注4)、次のように述懐している。

「かつては、評価者の大半が被評価者と同じ職場の人でした。そのため、階層と階層を隔てる境界線は厳然たるものでした。ですが、すべてをひっくり返そうとしたのです。そして、このような境界線を超えて縦横無尽に行動することを奨励したかったのです」

そこでナイアは、そのような雰囲気を醸成するために、自分の３６０度評価結果をウェブ上に掲載した。このような透明性の高い３６０度評価制度を試み、執行役員たちがこれに慣れると、部下たちにも広がっていった。そして、「ハッピーフィート」という新機能を追加したことで、報告義務の有無にかかわらず、被評価者となるマネジャーの影響を被る社員全員がそのマネジャーを評価できるようになった。

シニアマネジャーが個人的に関心のある課題に力を入れることより、コラボレーションしたほうが報われるようにするには、彼らが社内政治を慎むことが不可欠である。レキットベンキーザーでは、社内政治が入り込む余地はほとんどない。

「社内政治を根絶するために、あえてそうしているのです。社内政治は極めて危険なものですから。正直申し上げて、有害でしかないと思っています」とバート・ベクトは言う。

彼の遠慮会釈ない実際的なリーダーシップスタイルと、会議では自由に異議を唱えられることが、社内政治を最小限に抑え、真のチームワークを生み出す一助になっている。

強力な影響力を発揮する

社員たちがコラボレーションし始めると、多くの場合、リーダーは別の問題に直面する。そう、やりすぎである。何でもコラボレーションで解決しようとし、アイデアについて激論を交わし、コンセンサスを得ようと四苦八苦して、会議は延々と続いていく。これでは、意思決定に至らず、すぐさま実行することもままならない。コラボレーションが、車輪の潤滑油ではなく、むしろ車輪を止める砂になってしまう（**図表4-2**「コラボレーションとコンセンサスは別物」を参照）。

優れたコラボレーションリーダーは、チームを率いるという役割を強く意識している。そして、チャンスと見ればすぐさまチームを組成し、案件が片づけば即解散する。それは、ハリウッドで、映画が完成するまでの間だけ、プロデューサー、監督、俳優、脚本家、技術スタッフを集めてチームをつくるのに似ている。コラボレーションは極めて流動的なものであり、一部門内だけのものではない。

また、コラボレーションがうまいリーダーは、誰かがしかるべきタイミングで議論を終わらせ、最終決定を下せるように、決定権と責任を明確化している。建設的対立や穏やかな討論を奨励する一方、延々

図表**4-2** | **コラボレーションとコンセンサスは別物**

「コラボレーション・リーダーシップ」は、信じるところ、文化的価値観、仕事の流儀が違っていようと、自分の部下ではない人やグループを巻き込み、共通目標に向かって働かせる能力のことである。

コラボレーション・リーダーシップが、これまで支配的だった「コマンド・アンド・コントロール・リーダーシップ」と正反対であることは、ほとんどの人たちが直観的にわかるが、「コンセンサス・リーダーシップ」との違いは微妙である。参考までに、これら3種類のリーダーシップスタイルの違いをまとめてみた。

3種類のリーダーシップスタイル

	コマンド・アンド・コントロール・リーダーシップ	コンセンサス・リーダーシップ	コラボレーション・リーダーシップ
組織形態	ピラミッド型	マトリックス組織、または小集団	分散型ネットワーク組織、あるいは組織横断的なネットワーク組織
関連情報の持ち主	シニアマネジメント	正式に任命されたメンバー、あるいは関連する地域や分野の担当者	あらゆる階層、あらゆる地域の社員、およびさまざまな社外ステークホルダー
最終意思決定者	当該組織のトップマネジメントの権限が明確化されている。	当事者全員に平等の権限が与えられている。	コラボレーションを推し進める人たちの権限が明確化されている。
アカウンタビリティと統制の基準	経営計画に対する財務業績	職能別あるいは地域別の業績評価指標	共通目標の達成に関する業績
最も効果的なワークスタイル	明確に定義されたピラミッド構造で機能する。言い換えれば、複雑な組織やイノベーションが重視される場合には、あまり機能しない。	小規模なチームでは機能する。スピードが重視される場合には、あまり機能しない。	多種多様な人たちで構成されるグループ、部門横断的あるいは組織横断的なプロジェクト、イノベーションや創造性が重視される場合、効果的に機能する。

と論争させることはしない。レキットベンキーザーでは、まさにそうやっていた。

チームが招集される時には、アイデアを出し合い、それらのアイデアに異議を唱えてもかまわないこと、またそうすることが期待されていることを、誰もが承知している。そして、最高のアイデアが選ばれるまで、声を張り上げ、激しく議論を交わす。ただし、決められた時間内に合意が得られない場合には、議長を務める人物が決定を下し、残りのメンバーはそれに従う。

こうすることで、活発な議論と同時に、明確な意思決定と迅速な行動が確保される。その昔、アケメネス朝ペルシャの初代国王キュロス大王がいみじくも言ったように、「意見は百花繚乱、命令には一致団結」が重要なのである。

コントロールしながら手綱を緩める

縦割り組織の中で各人が仕事をするという古い世界では、必要なものは社内で調達すればよく、コマンド・アンド・コントロール型のリーダーシップスタイルもうまく機能していた。

しかし、いまは違う。人々はこれまで以上に相互に関係しており、このつながりの力を引き出す方法を知らないリーダーは、時代に取り残されてしまうだろう。今日のリーダーは、あらゆる種類の境界を超えて、アイデア、人材、経営資源を活用できなければならない。そのためには、人材戦略を再考し、組織の内と外の両方でつながりを強化する必要がある。

多種多様なプレーヤーをもれなく協力させ、高い成果を生み出すには、権限に頼るのではなく影響力を行使すべきタイミング、そして非生産的な議論や政治的な駆け引きなどを抑え込み、最終決定を下すタイミングを知っておく必要がある。

信じるところや文化的価値観、仕事の流儀などが異なれば、コラボレーションへの取り組みはいっそう複雑なものになるが、これは致し方ないことである。しかし、このような違いがあるからこそ、コラボレーションはより実り多く、より創造的になり、そしてより高い価値を生み出す。そのような価値を手に入れることがコラボレーション・リーダーシップの核心にほかならない。

【注】

（1）Morten T. Hansen, Herminia Ibarra, and Urs Peyer, "The Best-Performing CEOs in the World," HBR, January-February 2010.（邦訳「世界のＣＥＯベスト50」ＤＨＢＲ２０１０年5月号）を参照。

（2）Malcolm Gladwell, *The Tipping Point: How Little Things Can Make a Big Difference*, Little, Brown and Company, 2000. 邦訳は飛鳥新社、２０００年。

（3）Dick Brass, "Microsoft's Creative Destruction," *New York Times*, February 4, 2010.

（4）Vineet Nayar, *Employees First, Customers Second: Turning Conventional Management Upside Down*, Harvard Business Review Press, 2010.（邦訳『社員を大切にする会社』英治出版、２０１２年）

第**5**章

組織の境界を超え協働を促すリーダーシップ

トロント大学 ロットマンスクール・オブ・マネジメント 教授
ティツィアナ・カシアロ
ハーバード・ビジネス・スクール 教授
エイミー C. エドモンドソン
INSEAD 助教授
スジン・ジャン

"Cross-Silo Leadership"
Harvard Business Review, May-June 2019.
邦訳「組織の境界を超え協働を促すリーダーシップ」
『DIAMONDハーバード・ビジネス・レビュー』2019年7月号

ティツィアナ・カシアロ
(Tiziana Casciaro)
トロント大学ロットマンスクール・オブ・ビジネスの教授。組織行動学を担当。

エイミー C. エドモンドソン
(Amy C. Edmondson)
ハーバード・ビジネス・スクールのノバルティス記念講座教授。リーダーシップおよび経営学を担当。著書に *The Fearless Organization*, Wiley, 2019.（未訳）がある。

スジン・ジャン
(Sujin Jang)
INSEAD 助教授。組織行動学を担当。

水平方向の協働がイノベーションを生む

経営幹部の多くは、境界を超えた協働を促すには組織の壁を壊すことが重要だと理解しているが、その実現には手を焼いている。無理はない。実現は極めて難しいからだ。たとえば、職場での人間関係を考えてみるとよい。まず、自分の上司や部下とのタテの関係。次に、自分の業務と何らかの形で接点を持つ別の部門やユニット、地域で働く社員とのヨコの関係。日々職場で優先されるのはどちらだろうか。世界中の企業のマネジャー、エンジニア、営業担当者、コンサルタントにこの質問をしたが、回答はほぼ決まって同じだ。タテの関係である。

ところが、「顧客価値を創造するために重要なのは、どちらの関係か」と尋ねると、答えは逆転する。今日、イノベーションや事業開拓のチャンスの圧倒的多数は、部門間、拠点間、組織間の接点に存在する。要するに、多くの顧客が望んでいるものの、企業側は手こずっている統合ソリューションの開発には、水平方向のコラボレーションが必要なのだ。

水平方向のチームワークの価値は、広く認識されている。補完的な専門知識を備えた同僚を探し求めて組織の壁の外に手を伸ばせる社員は、より多くを学び、営業成績も優れ、スキルも迅速に身につける。ハーバード・ロースクールのハイディ・K・ガードナーは、境界を超えた協働が活発な企業は、顧客ロイヤルティおよび利益率が高いと立証した。イノベーションの成否が多分野にまたがる協力に影響し、デジタル化によってビジネスが瞬時に変化し、グローバル化により国境をまたいで働く必要が増していることから、異なる分野の接点において、プロジェクトを牽引できる幹部への需要は高まるばかりだ。

筆者らが数十社の数百人に上る幹部とマネジャーを対象に行った研究とコンサルティング業務から、水平方向の協働の必要性と課題が確認できた。

あるグローバルな会計事務所のパートナーは、「疑問の余地はありません。担当分野をまたいだ統合を必要とする大型プロジェクトに焦点を合わせるべきです」と語り、重ねて、「我が社ならではの最大価値が構築できるのは、そこなのです。ところがほとんどの社員は、担当業務の範囲内で対処できる小型のプロジェクトに閉じこもっています。不満を感じますね」とも述べた。有数のコンサルティング会社のシニアパートナーは、少々言葉を変えて、「大きな魚を捕るには沖に出て行くべきだとわかっていても、岸に近いところで小さな魚を何匹か捕まえるほうがずっと楽ですからね」と説明した。

壁を壊す一つの方法は、公式な組織構造を設計し直すことだ。しかし、この方法には限界がある。コストがかかり、混乱を招き、時間がかかるのだ。さらに悪いことに、どんな新しい構造も、いくつかの問題は解決するが、新たな問題も生み出す。それゆえに筆者らが重点を置くのは、境界をうまく超えさせる方法を見極めることである。

社員は訓練すれば、組織全体を見渡し、専門知識を有する人材層を探し出して結び付き、自分とまったく違った考えを持つ同僚とも上手に協働できるようになる。異分野との接点において効果的に働くための主な課題は、単純だ。向こう側の社員について学び、通じ合うことである。ただし、単純イコール簡単ではない。人間は常に、自分と異なる人を理解し、気持ちを通じさせることに苦労している。

リーダーは、社員がこれらの課題を克服する能力を高められるよう、個人レベルでも組織レベルでも手助けしなければならない。それは、異分野との接点での業務をうまく回せるようになる、4つの経営慣行について研修を実施し、サポートすることだ。

1　文化の仲介者を育成し活躍させる

幸いにもほとんどの企業には、すでに接点での協働に長けている人材がいる。彼らは通常は複数のセクターや部門、分野における経験と人間関係を有し、それを非公式につなぐ役割を担っている。筆者らは彼らを「文化の仲介者」と名付けた。世界で2000以上のチームを対象とした研究において、本稿の筆者の一人（ジャン）は、多様性を持つチームに文化の仲介者が一人いるチームは、そうでないチームよりも有意に業績が高いことを明らかにした。(注1) 企業はこのような人材を特定し、彼らが影響力をさらに発揮できるように支えるべきである。

文化の仲介者は、次に説明する「橋渡し」「引き合わせ」のどちらかの方法で、境界を超える業務をはかどらせる。

橋渡し役は、異なる部門や地域の社員間の仲立ちをし、日常業務の混乱を最小限に抑えながら協働できるようにする。この役割は、双方に関する知識が豊かで、お互いが何を必要としているかを推し量れる場合に最も効果的である。

シャンペンとスピリッツの流通業者であるモエ・ヘネシー・エスパーニャでは、それまでマーケティングと営業の意思の疎通がうまくいかず、意見の対立があった。同社が両グループの業務調整に役立つようにと、エノロジスト、すなわちワイン造りの専門家を2人雇ったのはこのためだった。エノロジストたちは、双方のグループを等しく理解し通じ合うことができる。彼らはマーケティング担当者には、ブランドの情緒的な面（たとえば、移ろいやすい「ブーケ」〈ワインの熟成中に生まれる香り〉）について語れるし、現実的な営業担当者には、小売店で取り扱ってもらうのに必要な商品固有の特徴を詳しく説明できるのだ。

両方の世界を理解しているエノロジストは、一方のグループの仕事のやり方がどのような根拠に基づくのかを他方に伝えることができる。その結果、マーケティングと営業は直接対話しなくとも、相乗効果を発揮させながら働くことができた。この種の文化の仲介が効果的なのは、他方の見解を学んだり、仕事のやり方を変えたりせずに、当事者たちがお互いの違いに対処できるからである。これは、一回限りの協働を行ったり、企業として結果を出すまでの期限が迫っている場合に、ことのほか有益だ。

対照的に、引き合わせ役は、社員を束ねて相互理解を高め、永続的な人間関係の構築を促す。

筆者らがインタビューした、自動テスト制御器の世界的なメーカーであるナショナルインスツルメンツ（ＮＩ）のマネジャーを例に取ろう。彼は地域や部門が異なる人材と人材を結び付ける。彼は、「これは、彼らの人間関係の構築だと考えています」と言う。「社員がオフィスや部門の異なる人と働く必要がある場合、私は、『だったら、この人に電話をしなさい』とアドバイスします。次に時間を取って、『この人たちがどんなふうに仕事を進めるかを教えてあげよう』と説明します」と語った。引き合わせ役は人物を保証し、特有な言語の理解を助けることで協働を促進する。橋渡し役とは異なり、将来自分の助けがなくても境界を超えて働けるように彼らの能力を高める。

企業のリーダーは、複数の当事者との信頼関係を構築するのに欠かせない強力な対人関係のスキルを持ち、いくつかの部門の経験、あるいは多文化の背景がある人材を雇用することで、社内の橋渡しと引き合わせの両方の能力を高められる。文化の違いを乗り越えて働くには再起力《レジリエンス》が必要であるため、採用候補者には成長志向、すなわち学習意欲が高く、困難に挑み、一回り成長するチャンスを逃さない姿勢も求めるべきである。

加えて、リーダーは全レベルの社員に、社内でいくつもの部門と接触する職務に異動する機会を与えることにより、多くの仲介者を育成できる。ちなみにこれはゼネラルマネジャーの能力開発としても優れており、ジョブローテーションによるリーダー育成プログラムの多くは、この実現を目標としている。世界的な保険会社であるチャブの人材開発部門を統括するクローディーン・ウルフは、同社が世界中の顧客に対応できるかどうかは、成績上位の社員に対して、さまざまな地域で働き、国際的なマインドセットを育む機会を与えられるかどうかだと断言する。

彼女は「弊社では社員に、業務にも地域にも深く根差した能力開発という重要な経験をさせます」と語る。「彼らは文化の規範と言語に関するコーチングを受け、その後、それに従って生活し、自分の中に根付かせます。地元の食料雑貨店に行き、店の棚の商品に目を配り、店主と会話をします。その環境で生活するというのは実際にどういう意味なのかを学ぶのです」

マトリックス構造の組織には指揮命令系統が2つ以上あるが、この構造も文化の仲介者の育成に役立ちうる。マトリックス組織には固有の問題（強力なリーダーがいて、アカウンタビリティが明確でないと舵取りは極めて難しい）はあるものの、社員はこの構造で働くと、接点での仕事の進め方に慣れる。組織内の全員が、文化の仲介役として一流になる必要があると言いたいのではない。しかし、意識的に仲介者の層を拡大して、協働が円滑に進むように彼らを活用すると、大いに役立つのだ。

2　正しい質問を促す

多くの質問をせずに境界を超えて働くのは不可能に近い。問いかけが不可欠なのは、接点のこちら側で見えることや当然と考えるものと、向こう側の社員が経験することとは同じではないからだ。

筆者の一人であるカシアロが、トロント大学のビル・マケビリーとイブリン・ジャン、ハーバード・ビジネス・スクールのフランチェスカ・ジーノと共同で、大手銀行の中間管理者1000人以上を対象とした研究を、実施した。実は、境界を超えた仕事における知的好奇心の重要性が、この研究から明確になった。研究結果は、好奇心が強いマネジャーは、社内で結び付きの弱い部分にまで広がるネットワークを構築する可能性が高いことを示している。

しかし誰でも昇進するにつれて、問いかけるという極めて重要な行為を忘れてしまいがちである。特に成績が優秀な社員は、他の人はどう思っているだろうかと考えるのを怠ることが多い。さらにまずいのは、知らないことがあるとわかると、無能あるいは弱いリーダーだと思われるのではないかという（誤った）恐れから、質問を避けてしまうかもしれないことだ。

デロイト・カナダの人事担当マネージングパートナーであるノーマ・クライは、「質問をしないのは、多くのプロフェッショナルが犯す重大な過ちです」と語った。「助言に熟練した人は、解決法を教えたがります。そうするように訓練されているのです」

リーダーは、次に挙げる2つの有力な方法で問いかけを促すことができる。そしてその過程で、安心して質問できる組織の形成が可能になる。

ロールモデルになる

リーダーが質問をすることで、他者は何を見て、何を考えているのかに関心を示すと、驚くほどの影響がある。それは、社員が同じことをするきっかけになる。問いかけにより、自己の謙虚さも伝わるだろう。成功に欠かせない要素に謙虚さを挙げるビジネスリーダーや研究者は、ますます増えているのだ。

元グーグルの人事担当シニアバイスプレジデントのラズロ・ボックによると、謙虚な社員は、他者を巻き込んでやっかいな問題を解決することに長けている。謙虚さとうわべだけの謙遜とを混同してはならないが、前者は変化が激しい事業環境においては圧倒的な強みだ。その力は、現実に即していることに由来する（たとえば、「現状は本当に厳しく、複雑です。我々が力を合わせて働かなければ、勝ち目はありません」というような現実性である）。

前出のジーノは、社員に気兼ねなく質問できると感じさせる方法の一つは、リーダーが、自分が答えを知らない時に、それを率直に認めることだと語る。またもう一つの方法として、「なぜ」「もし……だったら、どうだろうか」「我々は、どうしたら……できるのか」と尋ねてみるよう、はっきりと社員に促す日を設けることだと言っている。(注2)

問いかけの技術を教える

社員への研修は、尋ねる質問の範囲を広げ頻度を高めるのに役立つだろう。マサチューセッツ工科大学（MIT）リーダーシップセンターのハル・グレガーセンによれば、研修で社員の好奇心を甦らせることは可能だそうだ。ただし、優れた質問もあれば、そうでない質問もある（**図表5**「どんな質問をするのがよいか」を参照）。

また、もっと質問をするよう単に促すだけだと、「問いかけ」が「問い詰め」に変わり、新たな観点の形成を促すどころか、抑止するおそれがある。MITのエドガー・H・シャインが説明するように、質問は生産的な人間関係をつくる秘訣であるが、他者の見方を理解したいという真の好奇心に突き動かされたものでなければならない。(注3)

できる限り最も偏見が少ない方法で情報を求める方法を学ぶことも重要である。すなわち先入観を最小限に抑えるために、イエスかノーの質問ではなく、自由回答方式の質問をすることだ。たとえば、「この分野における主なチャンスは何であると考えますか」という質問は、「これは正しいチャンスであり追求すべきと思いますか」よりも実のある対話を導くだろう。

協働が進むにつれて、チームリーダーあるいはプロジェクトマネジャーが、具体的な課題に一段と真剣に取り組み、関連するアイデアや経験を表現するのを促す質問をすると、うまくいく。「Xについて

図表5｜どんな質問をするのがよいか

よくある間違い	効果的な質問
「はい」か「いいえ」の質問で始める。	先入観を最小限に抑える自由回答方式の質問で始める。(「あなたの側ではどんな状況ですか」「あなたのグループは、この分野における主な機会は何だと見ていますか」)
的外れで冗長な回答を引き出す可能性のある、極めて一般的な質問を続けて行う。(「何を考えていますか」)	協働が進むにつれて、具体的な課題に焦点を合わせた質問をするが、詳しく説明する時間を十分相手に与える。(「Xについてどう思いますか」「それがどのように機能するか、説明してもらえますか」)
話し手の意図を把握していると思い込む。	聞き取ったことを要約し、間違いの訂正と聞き洩らしの補足をはっきりと頼むことにより、理解したことを確認する。(「これで正しいでしょうか。何か抜けていますか」「聞き洩らした点を補ってもらえませんか」)
協働のプロセスは放っておいてもうまくいくと思い込む。	定期的に時間を取り、プロセスや人間関係に関する他者の経験について問いかける。(「プロジェクトの進展をどう思いますか」「より効果的に協働するために私たちには何ができますか」)

どんなことを知っていますか」「それがどのように機能するか説明してもらえますか」は2つの例である。これらの質問は、課題に焦点を絞っているが、回答を制限することも、目前の課題から外れた冗漫な話を導くこともない。

回答をどのように処理するかも重要である。会話が進むに従い、相手が話していることを自分が理解していると思い込むのは、無理もない。しかし何を聞き取るかは、本人の専門知識と経験による偏りが出る。そのため、相手の意図を本当に理解したかどうかを確かめる方法を訓練しておくことは重要である。たとえば、「こういうお話だったと思いますが、何か聞き逃していませんか」「聞き洩らした部分を補足してください」「おっしゃったのは、プロジェクトは予定通り進んでいるという意味だと思います。それで正しいですか」などの質問をするとよい。

最後に、協働のプロセス自体を検討するには、定期的な状況確認が必要である。他者がプロジェクト、あるいは人間関係の経験をどう受け止めているかを探り出す唯一の方法は、「プロジェクトの進展状況をどう思いますか」「より効果的に協働するためには何ができるでしょうか」と尋ねることだ。

3 人の目を通して世界を見るようにさせる

リーダーは、社員に異なるグループへの好奇心を持たせ、彼らの考え方や実行方法について質問させるだけであってはならない。積極的に他者の観点を考慮することも促すべきである。同じ組織内でも所属するグループが違えば、物事の見方は異なる。さまざまな研究（ペンシルバニア大学ウォートンスクールの経営学担当教授のデボラ・ドウアティが行った、商品イノベーションの成功を妨げる障壁に関する研究も含める）は一貫して、観点の違いから異分野との接点における業務に誤解が生まれてしまうとする。したがって、どのように他者の視点に立つかを社員に学ばせることは、極めて重要である。

筆者の一人であるエドモンドソンが行った研究は、業界をまたぐ野心的なイノベーションプロジェクトは、多様な参加者がこれを行う方法を見出した時に成功することを示している。

韓国が10年前に着手した、埋立地を造成して都市を開発するプロジェクト、松島《ソンド》新都市の例は、学ぶところが大きい。プロジェクトのリーダーたちは、初期段階に建築家、エンジニア、プランナー、環境問題の専門家を呼び集めた。専門分野間の障壁を打ち砕くことを意図して入念に学習プロセスをつくり上げたため、その専門知識の統合がうまくいった。現在、松島新都市プロジェクトは他の「スマートシティ」プロジェクトとは極めて対照的に、50％完成し、3万人が住み、3万3000の雇用を創出し、炭素排出量は同規模の他の開発都市よりも70％低い。

ノースウェスタン大学のブライアン・ウッジは、ジャズバンドやブロードウェイの上演作品に関する研究において、成功したチームのリーダーは、他者の観点に立って考えられるという類稀な能力があることを明らかにした。これらのリーダーたちは、チームメートのさまざまな特有の「言語」を話すことができた。これ以外の研究は、多様性のあるチームのメンバーたちが率先して他者の観点に立って考えると、情報共有の好影響が強まり、チームの創造性も高まることを示している。

この種の行動を促進する文化を形成することは上級リーダーの責任である。心理学の研究では、ほとんどの人には他者の観点に立つ能力があるが、その実践への動機付けがなされるのは稀であるといわれている。リーダーは、多様な専門知識が統合されれば、新たな価値の創造が推進されることを強調し、ある程度の動機を与えることが可能だ。しかしそれ以外に以下の2つの方法も有効である。

組織横断の対話を設定する

リーダーは、一方通行で情報を伝える会議を開く代わりに、組織横断の話し合いの場を設けて、社員が顧客や社内の別の部門の同僚の目を通して世界を見るように促すべきである。その目標は、全員に知識を共有させ、その多様なインプットを新たなソリューションに統合させることである。

これが最もうまく実現するのは、お互いがどう考えるかに耳を傾ける時間が確実に取れるように入念に計画された、対面式のミーティングである。このプロセスに顧客を含める場合もある。筆者らの知るあるコンサルティング会社は、顧客に情報を伝える従来のミーティングの代わりに、顧客との協働において疑問を掘り下げ、解決策を構築するように設計されたワークショップを開き始めた。この新たな形式は、顧客とコンサルタントの双方に、お互いから学ぶチャンスを与えるものである。

熟慮したうえで組織横断の対話を使っている例として、チルドレンズ・ミネソタ病院の「フォーカスト・イベント・アナリシス」（FEA：focused event analysis）を紹介しよう。FEAは、患者に間違った薬剤を投与するなどの過誤があった場合に、同病院の医療および事務管理部門からさまざまなグループの職員を集めて開かれる。参加者各人は、起こったことについて自分の解釈を順々に話していく。

この対話が目指すのは、原因は何かを究明しようとする前に、さまざまな考え方を注意深く記録することである。参加者は、他のグループの人が事件をどのように見ているかを知って驚くことが多々ある。

FEAの土台にあるのは、ほとんどの過誤には一つの根本原因ではなく、多くの原因が存在するという前提である。さまざまな角度からとらえた事件の全貌が浮き上がってくると、関係者全員が同様な事故の発生を防ぐために、手順とシステムを変えていくことができるのだ。

好奇心と共感を重視して人材を採用する

他者の感情、考え、態度を理解し共感する人を採用することによって、企業全体としてさまざまな観点から世界を見る能力を高められる。

サウスウエスト航空が採用するのは、応募者の2％に満たない。行動に関するインタビュー（「……の時について話してください」）や、対話する様子を観察するチームインタビューによって候補者を評価したうえで、相手の感情が理解でき、顧客サービスに情熱を持てる人を採用するのだ。

4　社員の視野を広げる

リーダーは、異分野との接点がどこにあるのかをわかっていないと、接点で社員を率いることはできない。しかし多くの組織は無意識のうちに、自己の部門や事業ユニットといった直接関係する環境以外には目を向けてはいけないと、社員に働きかけている。その結果、より遠くのネットワークに目を配っていたら見抜く可能性があったものを見逃してしまう。以下は、社内・社外の両方で視野を広げるチャンスを社員に与える方法である。

さまざまなグループから社員を集めて新企画に取り組ませる

一般的に言って、部門横断チームで働くと、組織内の多様な専門知識を特定し、それらがどのように結び付いているか、あるいはいないかをマップ化し、内部の知識ネットワークをどのように結び付ければ有益な協働が可能になるかを考えるチャンスが得られる。

あるグローバルなコンサルティング会社のデジタルヘルスケア業務分野のリーダーを例に挙げよう。彼女は以前、部下のコンサルタントには、顧客企業のCIOとCTO（最高技術責任者）とだけ話す機会を持たせていた。しかしそれは、「顧客にITを超えたサービスを提供する機会を特定する能力を無駄に制限している」ことに彼女は気づいた。そこで顧客企業の経営幹部全員とのセッションを開催し、そこに自社のシステム再設計、オペレーションエクセレンス、戦略、財務など全ヘルスケア部門を横断するコンサルタントたちを呼び集めた。その目的は、ヘルスケアイノベーションに関する自社の専門知識をより総合的に見てもらえるようにすることだった。

これらのミーティングにより、コンサルタントたちは、ヘルスケア部門の業務間のつながりに気づき、異なる業務分野の橋渡しに最適な人材を特定し、顧客のニーズを満たすために、新たな方法で多様な専門知識を組み合わせる方法を見出すことができた。これは、コンサルタントたちが業務分野間の接点におけるサービスで価値を創出する機会を見極めるのに役立った。この新たなアプローチはたちまち奏功した。それでこのリーダーは、同社の他の部分でも同様の成功が収められるよう、IT部門の全業務を横断する接点となる新業務分野を統括することになった。

離れたところにあるネットワークを探索させる

社員を後押しして、社外のみならず他の業界の専門知識も活用させる必要がある。人間の知識の領域は科学、テクノロジー、ビジネス、地理、政治、歴史、芸術、人文科学を超えて広がっている。そして、それらの間のどの接点にも新たなビジネスチャンスが現れうるのだ。

イノベーションのコンサルティング会社、ＩＤＥＯの業務を考えてみよう。同社は、テクノロジー、科学、芸術のデザインテクニックをビジネスに採用することにより、アップルの最初のマウス（ゼロックスのパルアルト研究所のマウスのプロトタイプを同社が商品化）などの革新的な製品を創造し、多くの業界の企業が「デザイン思考」をイノベーション戦略として取り入れられるようにしてきた。

難しいのは、事業の主要目標と最も関連性が高い領域を探り出すことである。多くのイノベーションは、プリンストン高等研究所の創設者であり初代所長であったエイブラハム・フレクスナーが「役立たずな知識の有用性」と称するものから生まれ出たものであるが、企業には、的を絞らず手探り状態で学びながら領域を探り続ける余裕はない。これを避けるためには、以下のどちらかのアプローチを取ることができる。

トップダウン方式は、価値創造の可能性が高い知識領域がすでに特定されている場合に有効である。たとえば会計事務所のパートナーが、担当業務の将来のカギを握るのは機械学習だと考えるなら、部下の中で関心を持っているコンサルタントやアナリストに、そのテクノロジーに関するオンラインコースを受講させたり、業界カンファレンスに出席させたりして、その影響についての考えをまとめて報告してもらうことができるだろう。またワークショップを開催して、若手社員が学習経験から得たことをシェアし、経験豊かな同僚とともに社内における応用の可能性についてブレインストーミングを行う場とするのもよい。

ボトムアップ方式は、組織が社外のどの領域と結び付くべきかをリーダーが判断しかねている場合によいアプローチだ。新たな知識が創造されるスピードを考慮すると、この見極めがどんどん難しくなっている。リーダーたちは、広い範囲から領域を特定し、連携するのにますます社員の手を借りなければならなくなっている。

その一つの方法は、どこが有望な接点かについて、クラウドソーシングでアイデアを募ることだ。たとえば、出席したいと思う他業界のカンファレンス、身につけたい新たなスキルセットが学べるコース、領域のエキスパートでワークショップに招聘したい人などを提案するよう、社員に呼びかける。社外の領域に目を向けて、連携を構築するための時間と資源を社員に与えることも極めて重要である。

組織の壁を壊す

今日の経済において、組織の多様な知識を結び付ける新たな方法を見つけ出すことは、永続的な価値を創造するための必勝法である。しかしそれは、社員が組織の壁を超えて生産的に協働するためのチャンスとツールがなければ実現しない。リーダーは、水平方向の協働に秘められた潜在力を解き放つために、文化を超え物理的な距離を超えて、社員がお互いに学び、通じ合えるように采配しなければならない。本稿で説明した4つの方法はそれに役立つだろう。

これらの方法はそれぞれ、接点における業務固有の課題に取り組むのに有益であるが、すべてがまとまれば相互の効果は増大する。このうちの一つに取り組むと、別の方法の能力が高まる。グループを超えた結び付きを構築する文化の仲介役を活用すると、社員に問いかけを促し、他のグループの社員が何を考えているのかを学ばせることにもなる。社員がよりよい質問をし始めると、他者の観点と課題を理解する態勢がすみやかに整う。誰かの立場に立って、その人の観点から物事を見るようになると、さらなる知識がどこに存在するかを察知するのが容易になる。またネットワークを見渡すようになると、文化の仲介役が複数グループの効果的な協働を支援できる接点はどこにあるかが明らかになる。

いずれの方法も高等な学位や高度な技術は必要としない。しかしこれらの方法により、組織の壁を超えた作業を困難にしている障壁はやがて打ち砕かれる。リーダーがこれらを奨励し、支援する状況を形成できれば、最終的に複数領域にまたがる接点における協働は自然になされるようになるだろう。

【注】

（1）Sujin Jang, "The Most Creative Teams Have a Specific Type of Cultural Diversity," HBR.org, July 24, 2018.（邦訳「チームの多様性を創造性につなげるには、メンバー間の『仲介役』が不可欠である」DHBR.Net ２０１８年８月27日）。

（2）Francesca Gino, "The Business Case for Curiosity," HBR, September-October 2018.（邦訳「好奇心を収益向上に結び付ける5つの方法」ＤＨＢＲ２０１８年12月号）

（3）Edgar H. Schein, *Humble Inquiry*, Berrett-Koehler Publishers, 2013.（邦訳『問いかける技術　確かな人間関係と優れた組織をつくる』英治出版、２０１４年）

第6章

会社の機動力を高めるニンブル・リーダーシップ

マサチューセッツ工科大学 スローンスクール・オブ・マネジメント 教授
デボラ・アンコーナ
MITリーダーシップセンター リサーチアフィリエート
エレイン・バックマン
MITリーダーシップセンター リサーチアフィリエート
ケイト・アイザックス

"Nimble Leadership"
Harvard Business Review, July-August 2019.
邦訳「会社の機動力を高めるニンブル・リーダーシップ」
『DIAMONDハーバード・ビジネス・レビュー』2020年1月号

デボラ・アンコーナ
(Deborah Ancona)
マサチューセッツ工科大学(MIT)スローンスクール・オブ・マネジメントのシーリー記念講座経営学特別教授。MITリーダーシップセンター創設者。

エレイン・バックマン
(Elaine Backman)
MIT リーダーシップセンターのリサーチアフィリエート。

ケイト・アイザックス
(Kate Isaacs)
MIT リーダーシップセンターのリサーチアフィリエート。ダイアロゴス・ジェネレイティブ・キャピタルのパートナー。

本稿は、研究者の独立性を保護する法的取り決めをしたうえで、W. L. ゴア・アンド・アソシエーツが本プロジェクトの研究費用を一部負担した。

革新を続ける伝統企業に見る3つのリーダーシップパターン

指揮管理型（コマンド・アンド・コントロール）のリーダーシップを心から勧める人は、昔から誰もいない。だが、これに完全に取って代わる選択肢も現れていない。それは一つには、経営幹部クラスの人間が自分の振る舞いを変えるべきか、態度を決めかねているからだ。

彼らは、会社がもっと革新的になる必要があることをよくわかっている。そして、権限を部下に委譲し、意思決定や資源配分を任せないと、それがかなわないとも思っている。しかし手綱を緩めたら、会社が大混乱に陥るのではないかと恐れている。

筆者らマサチューセッツ工科大学（ＭＩＴ）の研究チームは、絶えざるイノベーションの実績を持つ組織が、そうした葛藤をどのように解決しているのかを知ろうとした。変化が激しく先が読めない環境におけるリーダーシップの研究では、俊敏さを高めようとする伝統的な官僚組織か、歴史の浅い起業家的企業に焦点を当てるケースがほとんどだったが、筆者らはやり方を変えて、次の2つの組織を詳しく調べることにした。

長い歴史を持つため、状況の変化に何度も適応した経験があり、さらには起業家精神と高いイノベーション力を失っていない企業、ＰＡＲＣ（シリコンバレーを拠点とする、ゼロックス傘下の有名なＲ＆Ｄ企業）、および、Ｗ・Ｌ・ゴア・アンド・アソシエーツ（非上場の材料科学企業）である。

定性データを何回かに分けて集め、２００９〜２０１１年に追跡インタビューを行う中で（２０１９年に内容を更新）、学際的チーム、実験精神など、俊敏な組織に共通するプロセスや振る舞いが数多く見つかった。その一方で、あまり馴染みのないリーダーシップパターンも観察された。

まず、リーダーの３つのタイプが明らかになった。組織の下位層に集中することが多い「起業家型リーダー」は、新しい製品・サービスで顧客にとっての価値を創出する。彼らは集団として組織を未開の領域へと導く。中間層に多い「支援型リーダー」は、起業家に必要な資源や情報を供給する。そして上位層の「設計型リーダー」は、ビジネス全体に目を配り、企業文化や経営戦略、組織構造をモニターする。

次に、ＰＡＲＣもゴアも、イノベーションとレジリエンスを支える文化規範を組み込んでいる。その多くは創業間もない頃に遡るものだ。なかでも一番重要なのは、役職に関係なく、最適任者が「リーダーシップ」を担うべきという共通認識だろう。

リーダーシップの３つの役割と文化規範とが相まって、２つの組織は驚くほど自己管理力が高まっている。多くの社員がみずからの職務を規定・選択する。新しい製品やサービスを考え出すのは、戦略担当幹部でも専門の「イノベーター」でもなく、一般社員のチームである。

プロジェクトが失速したら、彼らは自由に立ち去ることができる。初期段階の資金は、多くのスタッフを引き寄せるプロジェクトに配分され、成果が出始めると、人材や資金などのリソースがさらに注がれる。

小さなプロジェクトがたくさんあり、社員はそこから参加するプロジェクトを選べるので、会社そのものが全体として「予測市場」と化す。よいアイデアに人材が集まり、だめなアイデアからは人材が出ていく。

そして、このシステムが何より優れているのは、自己管理を可能にし、同時に、自由と統制のバランスを取るメカニズムが働くことだ。官僚的なルールを最小限に抑えても、会社は効率的に機能し、新しいチャンスを素早く物にできる。

まず、リーダーの3つのタイプと、そのようなリーダーが具現化する文化規範を見ていこう。

組織の下位層で価値創出「起業家型リーダー」

PARCとゴアでは、最前線のリーダーに対する期待が、官僚的な組織よりもかなり高い。起業家型リーダーは、成長のチャンスを察知してつかみ取り、初期段階のリソースを集めるために各所に働きかけ、将来ビジョンを示して仲間を引き入れ、チャンスを確実に活かして成果を出す。

筆者らが見た起業家型リーダーは、そのほとんどが以下の3つの資質を備えていた。

自信と行動力

彼らは自分自身を信じている。実験を行い、失敗してもめげない。たとえば、ゴアのあるエンジニアは、会社独自の防水膜技術を使って、フリース素材のコーティングがもっとうまくできないかと考えた。

これは専門家も頭を悩ませる問題だった。彼は羊毛刈りの道具を手に入れ、何カ月もの間、時間を見つけてはフリースを薄く削るさまざまな方法を試し、ついに解決策にたどり着いた。

次に同僚とともに、同じ方法をもっと速く上手にできる機械を探し出した。通常ならその時点で、プロジェクトは別の開発チームに委ねられるが、彼はリーダーとして残りたいと言った。自分こそ、そのポテンシャルを誰よりも理解していると思ったからだ。

戦略的な発想

起業家型リーダーは、会社やビジネスユニット、チームの目標を深いレベルで理解している。行動を起こす時は、その目標の達成を目指す。

そうした深い理解は、会社がシンプルな業務ルールを策定・伝達したから可能になる場合が多い。ゴアのあるエンジニアは次のように述べた。

「製品は新しくなければなりません。謳い文句通りの機能を果たさなければなりません。それから、十分な売上げが期待できなければなりません。50万ドル程度では本気になれません」

PARCでは下位層の技術者でも、会社が参入しようとする市場、民間契約と政府契約の割合、期待される財務リターン、入手可能なリソースなど、自社のビジネスモデルを高度に理解している。

起業家型リーダーはこのように会社の目標をよく知ったうえで、現場の顧客のニーズを常に把握している。対外的な働きかけを通じて新たなチャンスを感じ取り、製品のアイデアを研ぎ澄ます。あるリーダーは次のように語った。

「実際の利用者のニーズの変化を知ろうとする者が、うちにはたくさんいます。……トレンドはこう、変化が見られるのはここ、という具合に」

これらのリーダーの多くは組織の戦略的目標を完全に理解しているので、どのように時間を使えば数多くの目標を達成できるかの判断が得意である。

PARCのある幹部によると、彼の部下たちは「トリプルワードスコア」(「スクラブル」という単語ゲームの用語)を目指しているという。つまり、少なくとも3つの戦略分野での成功に資する機会、という意味だ。あるチームは、一つの取り組みから「出版、政府資金の獲得、商業的成果の実現、他部門とのシナジー効果」を目指したらしい。

文化規範、すなわち「我が社の行動原則」を理解することも、ビジネスモデルの理解と同様、戦略的発想を身につけるうえで大切である。

たとえば、ゴアでは、すべてのイノベーションが会社の中核的な材料技術に基づくことが求められ、商取引は全ステークホルダーに公平でなければならない。PARCは「センスのよさ」をモットーとし、そのクラスで最高レベルの技術が求められる。

他者を引き付ける力

PARCとゴアのリーダーは、部下を与えられるわけではない。みずから部下を集めなくてはならない。多くの新しい製品開発プロジェクトは、幹部クラスのマネジャーの指示で始まるのではなく、ある個人やグループが興味を持ち、調査を行い、さらなる投資に値するかどうかを判断することによって具体化する。

その時点で、プロジェクトを立ち上げた者は人材（と資金）をチームに引っ張ってこなければならない。それには説得力、信用、そして（多くの場合）製品イノベーションの実績が必要である。

志願者たちのチームができると、最初は起業家型リーダーが指揮を執る。とはいえ、メンバーたちは手放しで従うわけではない。PARCもゴアも、必ず集団で意思決定を下している。

PARCでは、創業時からそれが徹底されてきた。たとえば、コンピュータラボの初代責任者は「技術的な決定を下さず、グループ全体で決めた」ことが知られている。

ゴアのあるマネジャーは次のように言った。「こうした企業文化なので、『賛成できない。うまくいかないと思うのはこういう理由からだ』みたいな反論がよく出ます」。これに対して優れたチームリーダーは「なるほど、興味深い。新しい情報だ」といったように応じるという。

このように起業家型リーダーは、人材を引き寄せるだけの自信を持たなければならないが、同時に、証拠に基づく主張がなされたら、針路変更も辞さない度量が必要である（意思決定に際してコンセンサスを必要とするチームもあれば、いったんメリットとデメリットを話し合ったら、後はリーダーが決めるというチームもある）。

チームへの人の出入りは、プロジェクトのニーズや本人の関心に従って、言わば有機的に行われる。

資質が花開くための文化的基準

以上述べた3つの資質——自信と行動力、戦略的な発想、他者を引き付ける力——があれば、戦略目標に沿った製品開発の新しいアイデアが、ボトムアップで自然に湧き出てきやすくなる。そして、これらの資質が花開くのは、長年維持されてきた3つの文化的基準に負うところもある。

1つ目の基準は「仕事の自律性」だ。職務内容やチームについては社員に大きな選択権がある、という考え方の下でゴアは創業された。PARCもある程度は同様だ。職務を自由に変えられるため、必要があれば、社員の意思に沿った新しいプロジェクトへの迅速な再配置が可能になる。

2つ目の基準は「小さなプロジェクトを数多く立ち上げ、ジャスト・イン・タイムでリソースを提供するというやり方」である。どのアイデアが成功するかはわからないので、多くのプロジェクトが必要になる。

その点、ゴアとPARCでは、どのアイデアがうまくいきそうかを全員で判断する手順が整備されているため、最善のアイデアが選ばれ、幹部の承認を長く待つことなく資金を提供することができる。

3つ目の基準は「誰もがリーダーになれる」ということだ。正式な権限を持つ人だけでなく、誰でもプロジェクトをリードできるという考え方を両社は受け入れている。

ゴアのあるマネジャーによると、新製品開発の参加者は全員、「自分がいつリーダーになるべきかをすすんで判断する」必要がある。それは同時に、いつ部下としての務めを果たすべきかを見極められることでもある。

そのためには謙虚さ、敬意、そして自分の成果よりチームや会社の成功を優先する姿勢が求められる。

中間層で資源や情報を提供する「支援型リーダー」

起業家型の同僚よりも経験が豊かで、比較的フラットな組織の中で彼らよりたいてい上の階層にいるリーダーは、プロジェクトリーダーが人間的に成長し、組織のハードルを乗り越え、他者とつながり、大きな事業シフトに馴染むのをサポートしようとする。

このような支援型リーダーには、いくつかのスキルが求められる。

コーチングと育成

支援型リーダーは従来の上司よりも、コーチやメンターのように振る舞うことが多い（また、コーチング対象者の正式なマネジャーでないこともある）。明確な指示を出すのではなく、質問をする傾向がある。ある営業マネジャーはコーチとの関係を次のように表現した。

「私のコーチは製造畑の人で、営業については何も知りませんでしたが、どういうわけか、30分もすると私は『そういうことか』という気持ちになりました。……彼は私を正しい質問へ導いてくれました。『左に行くべきだと思う』ではなく、『右と左、どちらへ行くべきだと思いますか』という具合に」

筆者らが話をした支援型リーダーは、起業家型リーダーの問題解決に際して首を突っ込まないということを学んでいた。ある者はこう言った。

「つい、『よし、任せろ。助っ人を呼ぼう』と言いたくなります。でも、それでは依存の手助けをしているだけです」

コーチングで大事なのは、チームの製品開発プロセスのサポートである。その意味で、支援型リーダーはもっと積極的な問題解決者になることがある（彼らの多くはもともとプロジェクトチームにいたため、どんな問題が生じやすいかを心得ている）。

ゴアのあるチームがプロジェクトに対する社員の反応を盛り上げる必要があった際、支援型リーダーはメンバーを手助けして、そのチャンスをどう位置付けるかを徹底的に考えさせた。彼はチームリーダー会議にメンバーを参加させ、プレゼンテーションや予想される質問、そして最も訴えかける切り口について助言した。こうしたリーダーは社員が自身の成長について考える手助けもして、会社のニーズとより複雑な役割を求める社員のニーズをマッチさせる。そもそも自主的に編成されたチームなので、この手順はかなり容易である。

仲間を引き寄せ、難しいプロジェクトで見事な働きをした人は、新しい取り組みやもっと幅広いタスクで引く手あまたになるだろうし、そうでない人に対しては支援型リーダーが、どう改善すればよいかをアドバイスする。

人と人をつなぐ

コーチングが起業家型リーダー個人の成長をサポートするとすれば、こちらは彼らに「創造的な衝突」を経験させるものである。

支援型リーダーは基本的に、組織の外や周辺で何が起きているかについて、チームリーダーより広い視野を持っているため、価値創出の機会を見出し、正すべき「構造的欠陥」に気づくことができる。

そこで、起業家をエンドユーザーとつなぐ場合もあれば、社内の同じようなプロジェクトや補完的プロジェクトとのつながりを提供する場合もある。また、マーケティング、営業、法務など、さまざまな部門に他部門の動向を理解させる。こうした「つなぎ役」は、すでに広い人脈をさらに広げるためにあちこちへ出かけ、部門や地域の境界を超えて人々を結び付けようとする。あるマネジャーは、製品開発分野の超優秀なつなぎ役について教えてくれた。

「すべての製品コンセプトを理解していて……それらを常に評価しています。たとえば、こんなふうに言えるのです。『アリゾナのあの人も、タパニアのこの人も、フランスのその人も、みんな同じ考え方だ。……全員を集めて協力してもらおう』」

コミュニケーション

先に、PARCとゴアでは下位層の社員も自社のビジネスモデルを高度に理解していると述べた。支援型リーダーは、新しい機会や外部環境の変化に関する情報を共有することで、その理解をたえず最新の状態に保とうと努力する。

このコミュニケーションの最も単純な形態は、組織のある部門が別の部門の動きを知るようにする（そして、結果的に団結力が高まるようにする）ことだ。地域ごとの優先事項がグローバルな目標と完全には一致しない時、これは特に重要であり、また困難でもある。ある支援型リーダーは次のように語った。

「年に2回、私たちは関連部門の人たちと会い、こんなふうに言います。『こういうことを予定していて、あなたの部門にはこんなメリットがあります。あなたたちのために、こんなプロジェクトを考えています。何か見落としがありますか。あなたのところの問題点は何ですか。私たちは、あなたとともにあります。あなたのことは、私たちのことでもあります』と」

支援型リーダーはまた、ビジネス状況が新しくなっても、組織の価値観を維持することに目を光らせる。これはコミュニケーションを、全面的な指示ではなく、ビジネス上の対話として行った時に最も効果を発揮する。ゴアのあるプロジェクトリーダーは、サプライヤーと交渉中のロイヤリティ契約をチェックするマネジャーが、「それは彼らにとって公平な契約か」をすぐに知りたがったと言う。そのシンプルな問いかけは、ゴアの中核的価値観の一つをより強化するものだった。すなわち、パートナーが成功しなければ、ゴアも長く成長することはできないという価値観である。

ほかにも2つの文化的基準が、支援型リーダーの仕事を支えている。

第1に、PARCとゴアは従来から「情報への素早いアクセスと高いレベルの接続性」を全社的に重視している。ゴアは工場の規模を人間のコミュニティ並みの300人以下に抑えて、対面のやり取りや情報交換を最大化しようとしている。

テクノロジーの変化やグローバルなチームの登場に伴い、新しいITツールやコミュニケーションツールも人々の交流を促進する。ゴアではほとんどの社員に対し、入社後半年間は社内での人脈づくりに多くの時間を割かせている。またPARCは、全社員が電子的に接続された世界初の企業だった。

第2に、両社とも「意思決定の指針としてビジョン、価値観、シンプルなルール」を用いている。ゴアのマネジャーがサプライヤーへの公平性を気にしたのは、その表れだ。

こうした意思決定指針は時折、成長やイノベーション、文化的価値観の支えになることがわかった。

さらに興味深いことに、それはリスク管理の仕組みも提供してくれる。ゴアの全社員は「喫水線の下に穴を開けるな」という原則を知っている。つまり、何か違和感を抱いたら、会話を止めて「これは会社にとってのリスクだ」と言わなければならない。そして、詳しい者にその件を相談するのだ（喫水線より下がダメージを受けると、船は沈む）。

上位層で大局的に目を配る「設計型リーダー」

経営幹部が注意を向けるのは、組織の文化や構造、リソースの変更を要する大局的な問題がほとんどである。

所有構造や統治体制の変化によって、局面を一変させなければならないことがある。たとえば2002年のゼロックスの再編で、同社の一部門だったPARCは子会社として独立することとなり、その結果、関わる事業の種類を多様化する必要に迫られた。

生き残るためには、新しい顧客を獲得し、政府との仕事を増やし、新規事業の種を蒔かなければならない。そのメッセージが幹部層から発された。

また、社内の準備が整っていない段階で外部環境の変化にさらされたせいで、局面を一変させなければばならないこともある。ゴアのサブユニットはどこも、アジアに製造施設を構えることの価値に気づくだけの広い視野を持っていなかった。だが経営陣は、それが会社の利益につながると判断し、リソースを配分し直した。

設計型リーダーは外部の脅威と機会に対応するだけでなく、内部のオペレーションの面倒も見る。したがって、支援型リーダーや起業家型リーダーが唱える持続可能性の拡大をゴアの経営陣が推進した時のように、部下たちに端を発した動きを「増幅」させることがある。

現場のビジネスユニットが気づかなかった欠陥を修正することもあれば、ＰＡＲＣの経営幹部が起業家マインドを持った技術者である博士号保有者を採用し始めた時のように、会社をもっと効率的・効果的にするための方法を見つけることもある。

新製品開発の成功率の低下を気にしたゴアの経営幹部は、「現実的か／勝てるか／やる価値があるか」(real/win/worth)というプロセスを導入し、起業家型リーダーが部門リーダーに相談しながら事業推進の可否を判断する手助けをした。ここでは、単純だが深い３つの問いかけがなされる。

- その製品と市場は現実性があるか。
- その製品と会社は市場で勝てるか。
- 投資の価値があるか。戦略的な意味を持つか。

最後に、現場では納得できるが、会社全体にとっては最適解でない意思決定を個々のグループがしているため、変化が必要になることがある。

たとえば各グループは、コンピュータや人事、財務のシステムを独自に開発したいと考えがちだが、経験的に、それらの機能を分散させると会社全体の調整や協力がうまくいかないことがわかっている。大きな変化が必要な場合、経営幹部はトップダウンの決定を下す必要があるかもしれない。それはもちろん、集団的な意思決定に逆行する。その際は時間をかけて説明し、耳を傾ける必要がある。それでも変化に抵抗する社員はいるだろうし、反対に「思い切って前へ進めてほしい」と考える者もいる。

そうした「変曲点」に差しかかった設計型リーダーは、社内で評判の高い人物でないと、おそらく成功しない。また、会社も外部のステークホルダーから同じように評価されていなければならない。

なお、企業が変化を起こし、機動性を高めている事例については、**章末**「サティア・ナデラはマイクロソフトの文化をどのようにニンブルに変革したか」を参照してほしい。

自己強化型のシステムの創出に向けて

先に述べた文化的基準は、3種類のリーダーすべてをサポートするとともに、順応性が高い自己強化型のシステムを創出する。

社員は自律性が高いので、有能な人材はいつでも新しいプロジェクトを立ち上げ、これに参加できる。権限は全社に分散されているので、社員は優れたプロジェクトのアイデアを自由に推進できる。

また、社員は早くからリーダーシップのトレーニングを受け、強力な人脈を築くので、正しい人材の巻き込み方を学ぶ。広範囲の人々をつなぎ、共通の目標を伝えることで促される創造的衝突は、タコツボ化したプロジェクトを相乗的なコラボレーションへと変化させる。リソースが必要に応じて全社的に配分されるため、有望なプロジェクトは必要なサポートを得られる。そして、明確で広く共有された価値観やシンプルなルールが重視されるため、投資の決定は会社の優先順位と一致する。

このようなシステムには、3つの大きな特徴がある。

分散されたリーダーシップ

PARC、ゴアともに、相当数の社員がリーダーを名乗っている。そういう企業文化なのだ。その結果、リーダー予備軍が存在し、状況に応じて指揮権は実に簡単に移行する。

当然、さまざまなタイプのリーダーが常時やり取りしており、そのタスクは役割によって完全に異なるわけではない（たとえば、どんなタイプのリーダーについても「戦略的発想」や「コミュニケーション」の項目をその説明に含めることができる）。

一人の人間がリーダーシップの3つの機能をすべて同時に果たせるとは思わないが、筆者らが与えてきた印象以上に、その役割は流動的である。

生まれ付きの支援型リーダーは役職や階層にかかわらず、人と人をつなぎ、コミュニケーションを取り、コーチングを提供するだろう。同様に、優れた起業家型リーダーは会社を経営するようになっても、新しい製品アイデアをどんどん思い付くだろう。

実際、設計型リーダーのほうが確実な運営ができると思われる大がかりな変革キャンペーンを、支援型リーダーが立ち上げて運営するのを筆者らは目の当たりにした。

多数の力による「創発」

下位レベルのやり取りの総和からシステムレベルの秩序が生じる過程を表すのに、専門家は「創発」という用語を使う。ＰＡＲＣとゴアでもそれが起きた。

先述のように、新製品開発チームに志願者が現れるかどうかは、プロジェクトが資金を獲得するうえでの大きな要因である。その後、賛同者つまりチームへの参加者が増えれば、リソースも流入し続ける。

このようなクラウドソーシング戦略と設計型リーダーシップの組み合わせが、ＣＥＯが一方的に下す決定より効果があるかどうかはいずれわかるだろうが、いまのところ結果はよさそうだ。

それに、多くの社員が環境を読み取り、顧客と話し、自分が見たことをもとに行動するので、組織全体がニンブルに機動力を増し、新たな方向へ動くことができる。

自由と統制のバランスを取るプロセス

このようなシステムについてリーダーたちと話をすると、その大部分は、権限や意思決定、資源配分は分散すべきだと頭では同意する。とはいえ、それを実践するかどうかは別問題である。彼らが恐れるのは、組織が大混乱に陥ることだ。

だが、ＰＡＲＣとゴアは、全体的に見て官僚的な規制よりも秩序の維持に優れ、なおかつイノベーションを支援できる、そんなプロセスの構築が可能であることを教えてくれる。

本稿ではここまで、そうしたプロセスについて述べてきたが、それらが秩序維持にどう役立つかを明確に整理しておこう。

●各人を説得してプロジェクトに加わってもらう必要があるので、彼らの反応や不安が開発プロセスの早いうちに取り入れられ、有望でないプロジェクトからは人材が流出する。
●支援型リーダーが新しい情報をめぐる議論に多くの時間と労力を費やすので、戦略的な発想での柔軟性を失う者はいない。
●ビジネスモデルに関する文化的価値観やシンプルなルールが、日常的な会話や意思決定プロセスに根付いているので、社員の方向性がばらばらにならない。
●集団で審査が行われるので、投資の決定がリーダーのお気に入りプロジェクトに左右されない。
●プロジェクトは少額の投資から始まり、何度も再投資されるので、一つが失敗しても全体がだめになることはない。

＊　＊　＊

以上述べてきたリーダーシップの役割、文化規範、システムレベルのチェックは、社員を通して両社にとってのアドバンテージとなっている。これは明確には規定しづらいが、それでも紛れもなく存在する。

図表6｜ニンブル・リーダーシップのマイナス面

この管理システムはイノベーションや改革の強力な牽引役となるが、気弱な人には向かない。いくつか理由がある。

極めて複雑である	PARCやゴアなどの組織は変動要素が多い。その大半が自己管理をするとしても、それらの調整は容易ではない。ある意味では、むしろ調整が難しくなる。リーダーはこのシステムが機能すると信じなければならない。さもないと官僚的な統制にすがりたくなってしまう。
これら企業での変革は（皮肉にも）遂行しづらい可能性がある	PARCとゴアの社員は、協議やクラウドソーシングによる意思決定に慣れているため、押し付けられたと感じる変革には尻込みすることがある。あるいは、変化のスピードが遅いことに、いら立つこともある。
万人に合うシステムではない	有能な人材の中にも、これらの組織が認める自由さに戸惑う者がいる。そのような人々はむしろ明確な方向性や具体的な目標を与えてもらいたがる（PARCもゴアも採用時には、企業文化に合うかどうかの見極めに多くの時間を費やす）。
その人に合っていたとしても、身につけるには時間がかかる	PARCとゴアの社員は、長くてお金のかかる社会化プロセスを経験する。

筆者らはゴアを訪れるたび、新しい、思いも寄らぬ分野に関心が向いていることを知った。最近では、航空機内でのＷｉ－Ｆｉの質を高める絶縁ケーブルから、かさばらずに暖かさを提供するフットウェア技術まで、あらゆるものが研究されている。

ＰＡＲＣにもゴアにも、目を見張るようなエネルギーや活力が満ちている。新製品のヒット率を改善し、従業員エンゲージメントを高めようとしている企業は、ぜひ注目してほしい。

サティア・ナデラはマイクロソフトの文化をどのようにニンブルに変革したか

勤続22年のベテラン社員、サティア・ナデラが2014年にCEOになった時、マイクロソフトは本格的な再起を必要としていた。株価は失速し、製品開発は遅く、社員は協調より競争を重視していた。これではニンブルな組織とは呼べない。

携帯電話事業から撤退し、クラウドコンピューティングに大きく投資する必要があったが、これを成功させるには、企業文化を一からつくり直さなければならない。そのために行ったナデラの取り組みは、筆者らがPARCとゴアで学んだ組織形態の特徴を数多く備えている。

文化的基準、コーチ型のリーダーシップ、継続的な学習などはどれもそっくりだ（なお、ハーミニア・イバーラ、アニータ・ラタン、アンナ・ジョンストンは、最近のロンドン・ビジネススクールのケーススタディで、マイクロソフトの企業文化の変革について述べている）。

ナデラは一つの重要な象徴を用いて、この変革を導いた。つまり「フィックスト（固定的な）・マインドセット」ではなく「グロース（成長）・マインドセット」こそが、ダイナミックで学習重視の文化を醸成するためのカギであるという、キャロル・ドゥエックの考え方だ（ナデラが『ウォール・ストリート・ジャーナル』紙に語ったところでは、ドゥエックの『マインドセット――「やればできる！」の研究』（注）を妻に無理やり読まされたのだとか）。

「企業文化内閣」の助けを借りて、彼は新たな戦略的方向性の柱を発表した。顧客中心主義、多様性と包摂性、そして「ワン・マイクロソフト」というフレーズに込めた、全員が同じ方向を目指すべきという考え方である。

意思決定の方法、パフォーマンス評価の方法、リーダーに期待される行動について、ナデラは数多くの変更を行った。まず、経営陣を刷新した。厳しい質問をすると同時に、一度決まったら団結する——そんな信頼できる経営陣だ。技術的能力で選んだのはもちろんだが、あらゆる層の社員に共感と敬意を示せるかどうかも重視した。会社のリーダーがどんなふうに社員と言葉を交わし、彼らを導くか、そのあり方を変えたかった。

前任者のビル・ゲイツやスティーブ・バルマーは「プレシジョン・クエスチョニング」（精密な問いかけ）を旨としていた。これは時に、他者の主張を激しく攻撃する。不完全なものに我慢できないという気持ちを伝えるために、あからさまな敵意のようなものが生まれかねない。

特別な支援を必要とする子の親として共感を学んだと言うナデラは、伝えたいのは好奇心であると考え、どんな人の話からも学べるという前提で行動した。そして他のリーダーにも同じことを求めた。

また、社員の10％に「悪い」パフォーマンス評価をつけなければならない相対評価方式は、社内の協調を損なってきた、とナデラは考えた。代わりに継続的なコーチングを導入し、現場のマネジャーが報酬を決められるようにした。

さらに、リーダーたちには、グロースマインドセットの手本になる行動を求めた。つまり、ミスをした時は認めるということだ。ナデラはこの点でも一番の手本を示している。

コンピュータ業界における女性に関する会議で、彼はある質問者に「いまに、ちゃんと昇給があることを信じて」我慢しなさいと助言した。当然、女性たちはこのアドバイスに納得せず、はっきりと反対した。彼は意固地になることも騒ぎが静まるのを待つこともせず、社員たちに「完全に間違った答えだった。大切なことを学んだ」という趣旨の発言をした。

マイクロソフトの企業文化を変えるのは簡単ではない。まだ道半ばである。しかし、2014年以降の同社の業績は目覚ましい。企業文化の変革が会社の運命を変えるカギだった、と経営幹部は信じている。

【注】

Carol Dweck, *Mindset: The New Psychology of Success*, Random House, 2006. 邦訳は草思社、2016年。

第7章

CEOの時間管理

ハーバード大学 ユニバーシティ・プロフェッサー
マイケル E. ポーター
ハーバード・ビジネス・スクール 学長
ニティン・ノーリア

"How CEOs Manage Time"
Harvard Business Review, July-August 2018.
邦訳「CEOの時間管理」
『DIAMONDハーバード・ビジネス・レビュー』2018年9月号

**マイケル E. ポーター
(Michael E. Porter)**
ハーバード大学ユニバーシティ・プロフェッサー。ハーバード・ビジネス・スクールに拠点を置く。

**ニティン・ノーリア
(Nitin Nohria)**
ハーバード・ビジネス・スクールの学長。

CEOの時間管理について包括的で大規模な調査を実施

マネジメントの辞書では、CEOはリーダーシップの範を示す存在とされる。ところが、その独特な役割については驚くほどわずかしか知られていない。CEOは社内では最高権力者だが、他者がほとんど気づかない課題や制約に直面している。

大規模なグローバル企業の舵取りは極端に複雑な仕事である。そのような組織のマネジメント業務は実に幅広く、職能別および事業ユニット別の課題、複数の組織階層、多数の対外的テーマなどを扱う。加えて株主、顧客、従業員、取締役会、メディア、政府、コミュニティ組織をはじめとした多様な組織や人が関係してくる。CEOは他の経営幹部と異なり、これらすべてに関与しなくてはならない。そのうえ、良い時も悪い時も社内外に向けて、会社の顔としての役割を果たさなくてはならない。

もちろん、多大な助力と経営資源を活用することはできる。ただし、ある一つの資源に関しては、組織内の誰にも増して深刻な不足に直面する。それは「時間」である。CEOにとっては、なすべき仕事をすべて片付けるには慢性的に時間が不足しているのだ。にもかかわらず、組織の全業務に責任を負う立場であることに変わりはない。

何に時間を費やし、どの業務にみずから関わるかは、CEO自身の手腕だけでなく企業業績にとっても非常に大きな意味を持つ。CEOが何にどう関与するかが、成果を決定付け、優先事項が何であるかを周囲に伝える。CEOの正当性までも左右する。同僚と接する時間が少ないと「偏狭」「無関心」という印象を生み、多大な時間を費やしてみずから判断を下そうとすると「細かいことに関与しすぎて他者の自発性を削ぐ」と見られかねない。したがって、CEOのスケジュールは指揮の執り方の表れであり、組織全体に強いメッセージを送る（実のところ、同じことはあらゆるリーダーのスケジュールにも当てはまる）。

CEOの時間配分を理解し、より効果的な配分を実現するうえでは従来、実際の行動に関する体系的なデータが決定的に欠けていた。これに関する調査は主に、ごく少数のCEOを対象にしたものか、期間が短い大規模調査のどちらかであった。前者の例としては1973年に現マギル大学教授のヘンリー・ミンツバーグが5人のCEO（非営利組織のCEOを含む）に5日間ずつ密着した調査、後者の例としてはハーバード・ビジネス・スクール（HBS）准教授のラファエラ・サドゥンが2017年に6カ国の多種多様な企業の合計1114人のCEOを対象に、1週間にわたって毎日電話をかけて実施した調査がある。

筆者らは2006年に、複雑な大企業のCEOの時間配分を長期にわたって詳しく追跡する、かつてなく包括的で大規模な調査に着手した。現在までに27人のCEO（男性25人、女性2人）にそれぞれ3カ月間密着して、時間の使い方を追跡してきた。彼らが率いるのは主に株式公開企業であり、調査時点の年間売上高は平均131億ドルであった。27人は全員、HBSが大企業の新任CEOを対象に毎年実施する、ワークショップへの参加経験を持つ（新任CEOワークショップは毎年、各10～12人の2チーム編成で開催しており、この集中コースの参加者は総勢300人を超える）。

調査に際してはＣＥＯ秘書に研修を施したうえで、週7日間、1日24時間に及ぶＣＥＯの時間の使い方を15分単位で分類・記録し、記録内容をＣＥＯ本人に定期的に確認してもらった。こうして集めたデータからは、ＣＥＯがどのような活動、テーマ、業務をめぐって、誰とどこでどう過ごしたかがわかる。業務外の行動も対象であるため、ワークライフバランスも手に取るように見える。全体として、延べ6万時間近くに及ぶデータを収集・分類することができた。

データ収集を終えるとＣＥＯ本人にそれを示し、過去に調査した他のＣＥＯの匿名データと比較した。このような詳しい報告の場でＣＥＯは、しばしば時間管理のプレッシャー、失敗、教訓について省察した。新任ＣＥＯワークショップでも毎回、蓄積したデータを紹介した。議論の際にＣＥＯからは判で押したように、時間管理は最大の難題の一つだという見方が示された。彼らの見解を聞き、質問を受け、各人の時間管理法を知ることにより、筆者らの理解はいっそう深まった。

本稿は主に以下の3つの柱から成る。

第1に、調査データを記述的に分析する。ＣＥＯの仕事とプライベートへの時間配分はどうか。会議に費やす時間と、一人で思索、内省する時間の比率はどうか。メールと対面でのコミュニケーションへの依存度はそれぞれどの程度か。社内と社外、顧客と投資家、どちらの比重が大きいか。これらのほかにもさまざまな問いへの答えを紹介する。

第2に、数々の責務を抱えるＣＥＯがより効果的に時間を使えるよう処方箋を示す。観察結果の中でとりわけ印象的なのは、リーダーの時間の使い方は実にまちまちだという点である（**図表7-1**「平均値の裏側を読み解く」を参照）。これは一面では、事業慣行やマネジメント慣行の相違に根差している。

しかし、実利の少ない社内の儀礼的行事に参加するかどうかといった判断の多くは、CEO自身の習慣に加えて、古くからの規範や社風を反映している。

筆者らが調査報告を行った際にはどのCEOも皆、重要な分野において時間の使い方を改善する余地があることを認めた。また、新任CEOワークショップの数百人に上る参加者との議論からも、あらゆるリーダーが時間管理を改善できると確信している。

第3に、豊富なデータがCEOの役割全般に関して何を物語っているのかを考察する。CEOはさま

図表7-1｜平均値の裏側を読み解く

CEOの習慣は人によってどの程度違うのだろうか。CEOごとの時間配分の開きをランク付けした。

項目	時間配分の開き（標準偏差／平均値）	
会議時間	0.14	低
対面での会話	0.14	低
部内者との同席	0.14	低
1週間の総業務時間	0.14	低
1時間の会議	0.21	低
予定で埋まった時間	0.22	低
個別面談	0.24	低
CEO主催の会議	0.28	低
週末の業務時間	0.31	低
重要課題に費やす時間	0.36	中
1週間当たりの会議	0.36	中
電子的なコミュニケーション	0.38	中
直属の部下との時間	0.39	中
職能部門・事業ユニットのレビュー	0.41	中
人材関連、人脈づくり	0.44	中
戦略関連	0.48	中
組織体制と企業文化	0.54	中
不意の出来事に備えた時間	0.59	高
「お役目」	0.59	高
社外活動	0.59	高
2時間以上の自分だけの時間	0.70	高
最前線の社員との時間	0.71	高
運動	0.89	高
投資家と接する時間	0.95	高
顧客と接する時間	1.10	高

ざまな種類の影響力を同時に操らなくてはならないが、そのいずれもが二面性、ないしは矛盾するように見える性質を持ち合わせているため、優れたCEOはそれらを全体としてうまく使いこなす必要に迫られる。このように、CEOの役割を幅広くとらえて理解することが成功には不可欠であり、効果的な時間管理を実践するうえでも重要な視点となる。

本研究は複雑な大企業のCEO職に焦点を当てているが、そこから得られる知見は、時間と影響力をより効果的に使う方法を探す、すべてのリーダー（非営利組織の長を含む）にとって参考になる。

CEO職は心身がすり減る激務である

CEOは常に臨戦態勢にあり、なすべき仕事は際限がない。本調査では、平日の業務時間は平均9・7時間であった。土日の79％は多少なりとも仕事をし、1日当たり平均3・9時間を費やしていた。休暇日の70％においても、平均2・4時間を仕事に充てていた。これらの数字が示すようにCEO職は苛酷を極める。

CEOは業務の約半分（47％）を本社で遂行し、残りは本社以外の事業所への訪問、外部の関係者との会合、通勤ないし出張、在宅で仕事をしていた。すべてを合計すると、調査対象のCEOは平均で週に62・5時間を業務に充てていた。

苛酷なスケジュールだが、これはCEOの宿命である。関係者は皆、組織のトップとの面会や直談判を望む。CEOがどれほど権限委譲を進めようとも、他者にすべてを委ねるわけにはいかない。指示、提携関係の構築、支援の取り付け、優れた判断に必要な情報収集などを行うためには、どの関係者とも少しは時間を共有しなくてはならない。出張も絶対に不可欠である。グローバル企業はもとより国内に閉じた企業であっても、本社にこもっていては、舵取りはままならない。外を飛び回らなくてはならないのだ。

自身の健康や幸福のために時間を使う

CEOは業務に際限なく時間を取られるおそれがあるため、限度を設け、健康を維持して家族や友人との関係を守る必要がある。筆者らが調査したCEOは、全員がこれを認識していた。

平均睡眠時間は6・9時間。運動を習慣化している人も多く、プライベート時間の約9％（1日当たり45分）を費やしていた。CEOの激務に耐えるためには、精鋭アスリートと同じように鍛錬が欠かせない。これは健康の維持・増進、フィットネス、休息に時間を割り当てることを意味する。

起きている時間の25％、すなわち1日約6時間は業務以外に費やされており、筆者らはここに特に注目した。一般にそのおよそ半分は家族と過ごす時間であり、CEOの大多数はこれを厳格に習慣付けていたほか、多少なりとも休息の時間を取り（1日平均2・1時間）、テレビの視聴、娯楽としての読書、趣味（例：写真）などに費やしていた。

CEO職は精神的にも肉体的にも激務である。人間らしい生活を保つよう心がけると浮世離れせずに済み、同僚や部下とよりよい関係を結ぶことができる。関心が薄れて距離ができ、付き合いが途絶えてしまうようなことがないのだ。

ＣＥＯはまた、プロフェッショナルとして、回復や進歩に向けての時間を取らなくてはならない（これらは多忙のせいで、ともすれば最も後回しになる）。さらには家庭を「自動車レーサーが給油や小休止のために寄るピットのような場所」（ＨＢＳのシニアフェロー、トム・デロングの例え）にしないよう、心しておく必要がある。

ＣＥＯは人と会うのが仕事である

企業のトップは人と直接会う仕事が多く、本調査ではこれがＣＥＯの業務時間の61％を占めていた。電話で話をする、書簡に目を通して返事を書くといった時間が15％、電子的なコミュニケーションに費やす時間が24％であった。

影響力を行使する、実情を探る、放置できないいくつもの課題への対処を誰かに委譲するといった目的を果たすには、相手とじかに会ってコミュニケーションを取るのが一番である。仕事上で緊密な関係にある部下を支援、コーチングするうえでも、じかに会うのが最も効果的である。誰とどれくらい対面しているかは、ＣＥＯがどの仕事や相手を重視しているかを判断する手がかりになる。ＣＥＯはさほど気づいていないが、人々はこの点を注視している。

メールの誘惑を断つ

理屈上は、メールを使えば対面ミーティングを省いて生産性を上げられそうである。ところが多くのCEOが「メールは役に立たず、時間の空費につながりかねない」と考えている。にもかかわらず、なかなか止められずにいるのが実情だ。

メールは仕事に割って入り、勤務時間を長引かせ、家族との時間や思索の時間を侵食し、深慮に基づく議論の妨げになる。CEOのもとには「参考までに」と無数のメールが送られてくる。無視すると非礼と見られかねないため、「返信しなければ」という重圧がかかってしまう。

CEOは、メールの大多数は自分が関わる必要のない内容であり、往々にして業務の泥沼が待っていることを認識すべきである。かたやCEOが発信したメールは、組織の下層にまで不必要なコミュニケーションの負の連鎖をもたらし、悪しき規範になりかねない。特に、深夜、週末、祝日にメールを発信すると悪影響が大きい。むやみにメールを使うという好ましくない習慣に、組織の全員がたやすく染まってしまうのだ。

だからこそ、CEOが受け取るべきメールはどのようなものか、CEOが返信するのはどのような場合かについて、合理的な期待と規範の形成が不可欠である。メールが組織の下層にまで次々と影響を及ぼし、貴重な時間を無駄にしてプライベートを奪う状況を防ぐために、組織の他のメンバーに向けた規範づくりも必要である。

CEOのもとに雪崩のようにメールが押し寄せるのを防ぐには、優れたメッセージフィルターを用いて、多くのメールに自分が目を通すまでもなく誰かが代わりに対応するような仕組みにするのも、一つの方法である。ただし結局のところ、メールの誘惑に抗するには規律を守る以外にない。この話題を出すと饒舌になるCEOが多いが、ベストプラクティスはいまだ生まれていない。

調査に参加したCEOの中には、対面での会議の代わりにテレビ会議を使い始めた人々もいる。自身の出張や会議相手の移動負担を減らす狙いが大きかった。たしかにこのような効率は追求すべきであるが、CEOは、じかに会うのが自分たちの仕事の根幹であることを、けっして忘れてはならない。

課題重視である

CEOは多数の部署や業務種別、実に多種多様な判断を監督する立場にある。自身の課題を明確にすべきであり、実際に大多数はそれを実践していることが調査からわかっている。的を射た明快な課題があると、CEOの限られた時間を最適活用できるが、そうでないと最も声の大きい利害関係者の要望が幅を利かせてしまい、最重要の仕事が終わらなくなるだろう。

課題を的確に設定すると、CEOが翌朝みずから関わるべき事項の優先順位が決まる。ただし、事は単純ではない。むしろ、改善すべき大きな分野と対処の必要な個別案件が絡み合い、期限のある目標と期限のない優先課題が併存するのが実情である。

調査ではCEOに、当該四半期の課題の説明と、主としてその課題をこなすために使った時間数の報告を求めた。全員が課題を抱えており、その課題を前に進めるための活動に多大な時間、具体的には平均で業務時間の43％を費やしていることが判明した。一部には課題重視を厳格に貫くCEOもいた。主要課題に費やす時間はバラツキが大きく、業務時間の14％から80％まで幅があった。話を聞いたCEOの大多数が、「課題に費やす時間が多ければ多いほど、時間の使い方に満足がいく」と述べていた。

全体として、CEOがいくつもの業務を並行して前に進め、優先事項の進捗率の開きに対処し、予想外の出来事にみずから対応せざるをえない状況でも時間を有効に活用するためには、課題の明確化が最も重要な手段の一つであることがわかった。

課題を前に進める

最優先事項に重点的に時間を配分することが極めて重要であるため、CEOに、過去3カ月の時間の使い方は自身の課題に照らして適切であったかどうか、四半期ごとに必ず振り返るよう提案している。あわせて、直近の状況に沿って課題を見直すべきである。

自身の課題を周囲にはっきり知らせておくことはCEOにとって有益である。秘書と経営層は、CEOの課題とその中身を頭に入れて足並みを揃える必要がある（**章末**「有能なCEO秘書が取る4つの行動」を参照）。この理解があると、部下たちはCEOの要請に応え、仕事の目標や優先順位に責任を負うことができる。

突発的な状況に対応する

CEOは社内外の新たな状況への受動的な対応に、かなりの時間（平均で約36％）を費やしていた。

多くのＣＥＯは、そのような問題にいつ、どのように、どの程度の時間を使って対処すべきか、瞬時に明快に判断できるわけではない。たとえば、上級リーダーの一人が動揺した様子で会議を途中退出したとしよう。ＣＥＯはすぐさまその人物に「何か問題でもあったのか」と確認すべきだろうか。それとも、相手が落ち着くのを待つべきだろうか。

突発的な問題は、最初は小さく見えても、ＣＥＯが注意を払わずにいると、時として大きな懸案へと発展する。あるいは、ＣＥＯが口を挟んだせいでよけいに問題が拡大する例もある。何が適切な対応であるかをＣＥＯが判断することが欠かせない。

ＣＥＯは時折、製品の欠陥、安全面の支障、敵対的買収の脅威、深刻なサイバー攻撃、津波やテロなどの社会的惨事のような、突然の深刻な危機への対応を迫られる。調査に参加したＣＥＯも、大多数（89％）が危機対応に時間を使った経験を持つ。平均すると短時間ではあるが（調査対象となった四半期における業務時間の１％）、延べ時間は人によって大きな開きがあった。

危機下では、ＣＥＯのリーダーシップが大きく問われる局面が訪れる可能性がある。危機対応に際しては、みずから陣頭指揮を執り、その姿を周囲に示す必要がある。ほかの誰かに任せるわけにはいかないのだ。危機下でＣＥＯがなすべきは、たとえば影響を受けた人々に心からの気遣いを示し、保身に走るのを避け、全員を結束させ、「この会社は生き残るだけでなくいっそう強くなる」という自信を培うことである。

ルーチン業務を絞り込む

CEOは、ルーチン業務に意外なほど多くの時間（平均11％）を費やしていた。その中身は人によって千差万別で、レビュー会議、取締役会、業績発表、株主総会など多岐にわたっていた。

業務レビューはCEOにとって主要なルーチンである。回数、頻度、所要時間は実にまちまちで、意見交換からは、一部のCEO、とりわけCOO経験者が、直属の部下に任せてもかまわないレビューに時間を使いすぎていることがうかがえた。

「お役目」をほどほどに抑える能力も、人によって大きな差があった。お役目には新入社員への歓迎のあいさつのような儀式が含まれる。これは重要で象徴的な役割を果たし、企業理念や社風を強化するうえで役立ちうる。どのイベントにみずから出席するかを慎重に選ぶと、組織との関係性を方向付けることができる。ただし、「おもてなし」的な活動に全体として時間をかけすぎないよう、自分を律しなくてはいけない。

CEOと意見交換した結果からは、ルーチン業務や「お役目」は、すべて厳しく吟味する必要があるといえそうである。重要な目的に資するのか、単なるしきたりなのか、前任者が導入したものか、現CEOが就任前から行っているものかを、問わなくてはいけない。

直属の部下を大いに頼る

CEOの直属の部下たちは社内で最上位の幹部であり、最も腕利きのマネジャーをも含む。彼らは事業の主要分野すべてをカバーしており、最大限の影響力を行使する機会をCEOにもたらす。リーダーシップチームが力を合わせると、CEOが会社全体を束ねて仕事を成し遂げるうえでの接着剤になりうる。

本調査によると、CEOが社内の人材と一緒にいる時間の約半分（46%）は直属の部下が相手であり、そのうち21%は直属の部下だけが同席していた。社内の人材との時間のうち相手が直属の部下である割合は、32%から67%まで幅があった。この差を掘り下げたところ、CEOは部下への信頼が厚い場合に、彼らとより多くの時間を共有することがわかった。

リーダーシップチームの各メンバーが優れた成果を上げる手腕を備え、CEOから全幅の信頼と支援を得ることが重要である。リーダーシップチームに何らかの弱点があると、CEOの手腕が著しく鈍る。本来は部下がこなすべき仕事の肩代わりや尻拭いに、貴重な時間が失われるからである。

事実、調査に参加したCEOたちが集まって就任以来の状況を振り返った際、最大の後悔として挙がったのは「直属部下の選抜基準をもっと厳しくすべきだった」である。その失敗原因について、多くのCEOは「CEO就任当初は目の前の仕事に気を取られるあまり、将来に十分に注意を向けなかった」と語っていた。直属部下は現状への対処はできても、往々にして、CEOを補佐して会社をさらなる高みへと引き上げる能力は備えていなかったのである。

概して、リーダーシップチームに多くの仕事を任せることのできるCEOほど、自身の時間の使い方に満足している。みずから実務に関与し、その後の状況を確かめ、報告を求めるといった負担が軽くなるのである。CEOは直属の部下たちと顔を合わせる機会が頻繁にあるため、任せた案件の状況を逐次把握するのも容易である。

他のマネジャーとのつながりを絶やさない

調査に参加したCEOたちは上位100人前後のリーダー層、すなわちしばしば「トップ100」と呼ばれる人々とも、かなりの時間をともにしていた（部内者と過ごす時間の平均32％）。彼らの多くはCEOの直属の部下に報告義務を負う。

この第2階層のリーダーたちとの時間は有意義なものであった。トップ100は往々にして実務遂行の原動力であり、CEOとじかに接する機会は彼らの足並みを揃えたり、モチベーションを高めたりするきっかけになりうる。トップ100は後継者プラン作成のカギを握る人々でもある。この中から最上級幹部の後任候補が出てくると考えられるのだ。トップ100の多くは年齢的に一回り下であるため、何人かはいずれCEOの後継候補に挙がる可能性さえある。したがって面識を持っておくことは極めて有益でありうる。

当然ながら、CEOが下級マネジャーと接する時間は少なく（平均14％）、一般社員と接する時間はさらに限られていた（平均6％前後）。ただし調査からは、CEOが成果を上げるには、人間味を保とうとする心がけが必要だと判明している。親しみやすさを絶やさず、あらゆる階層の社員と有意義に接する方法を見つけなくてはならない。こうすると社内の実情に通じていられるばかりか、組織の理念を体現して全員に伝えることができる。

一般社員とじかに接すると、現実に目を向けて社員の置かれた現状を理解することができる。CEO

は、社員が直面する現実をまったく見ないまま、幻想をもとに経営の舵を取るリスクと背中合わせである。さまざまな階層の社員と接すると、「ＣＥＯにふさわしい信頼できる人物だ」と見られるようになる。これは社内の士気を高めて支援を勝ち取るうえで欠かせない。

状況を逐次把握しておく

一般社員や現場業務に精通した社外の関係者と接することも、自社や業界の実情に関して信頼に足る情報を得るための、かけがえのない方法である。これはＣＥＯにとって大きな課題だ。廊下や工場内を歩き回ったり、定例昼食会や抜き打ち訪問、あるいは客先や自社拠点への用意周到な視察を行ったりして、現場との距離を縮めようとする例もある。多種多様な部門の社員と胸襟を開いて議論するために、（プレゼンテーションをするのではなく）大勢を対象とした対話集会のような交流会を実施するＣＥＯもいる。

ただし、このような時間をうまくひねり出せるかというと、人によって成果に大きな開きがあるという現実が、データから浮かび上がってくる。

包括的な統合メカニズムを用いてマネジメントを行う

ＣＥＯは自身で何もかも抱え込むのを避けるべきである。ほとんどの判断をみずから下すのはおろか、承認することさえ不可能なのである。有能なCEOはむしろ、他の全員が優れた判断を下せるよう、よく練った仕組みやプロセスを導入する。それらは他者に情報、支援、機会を提供して仕事の整合を図りながら、組織のケイパビリティを高める役割を果たす。

極めて有用な統合メカニズムを挙げるなら、戦略（CEOの業務時間に占める比率は平均21％）、職能部門や事業ユニットのレビュー（25％）、人材育成と人間関係の構築（25％）、事業ニーズに合った組織と社風の形成（16％）、企業の吸収・合併（4％）である。

戦略の活用

CEOにとって最も効果的な手段は、うまく定義された明快な戦略を、各事業ユニットおよび全社に持たせることである。戦略は、各事業および全社の意思決定の多くを互いに整合させる役割を果たす。CEOは戦略に時間を費やすことにより、会社の方向性を定め、価値提案の明確化を助け、市場でどう競争するか、競合他社とどう差別化するかを決める。

戦略は「何をしないか」をも明らかにする。説得力ある戦略が組織全体で十分に理解された場合、社員の士気を高め、活気付ける役割を果たす。戦略が明確でない場合は、CEOが手に余るほど多くの戦術的判断を下さざるをえなくなる。

複雑な大企業では、CEOが戦略に十分な時間を割ける例はまずない。戦略の構想、精緻化、伝達や説明、補強、さらには戦略から逸脱しそうになった場合の注意喚起にたえず努めなくてはならない。

CEOはまた、環境の変化に合わせて折々に戦略を刷新する態勢をつくらなくてはならない。事業の売却、合併、買収といった事業ポートフォリオをめぐる判断は重大な戦略上の意味を持つため、ＣＥＯみずから関与する必要がある。

組織体制と社風の整合

全社に適切な判断を促すには、組織体制と戦略を整合させる必要がある。さもないと、ＣＥＯは事業ユニット間の果てしない仲裁に関わらざるをえないだろう。組織体制が固まらずにたえず揺れ動いていると、ＣＥＯや配下の人々にとって大きな負担になりかねない。

社風すなわち理念、信条、規範もまた、ＣＥＯが戦略を強化したり、組織全体の業務の進め方に影響を与えたりするための重要な手段である。ＣＥＯが社風を醸成する方法はいくつもある。各種の討論会で社風について語る、望ましい行動を率先垂範する、社風に沿って模範的に振る舞う社員を認めて褒賞と祝福を与え、そうでない社員の行動を改めさせるなどである。社風を護ってより盤石にする機会をたえず探すのも、ＣＥＯの仕事である。

プロセスの設計、観察、改良

企業戦略の円滑な遂行をお膳立てするのも、ＣＥＯの役割である。それが実現するのは、業務すなわちマーケティングプラン、価格設定、製品開発、さらには戦略立案それ自体などのプロセスが精緻な場合である。優れたプロセスがあると組織内の知識の粋が集まるため、ＣＥＯが実務部隊の判断を頻繁に覆さざるをえない事態は避けられる。

業務プロセスから要求水準を満たす成果が上がっているかどうかを見極めるには、正式なレビューが不可欠である。レビューはCEOの業務時間全体の4分の1を占めるが、これを行うことでCEOは進捗を確かめ、定期的にフィードバックを行い、高い水準を維持し、適切なタイミングで軌道を修正できる。得られた教訓を多様な業務プロセスの改善に活かすためにも、レビューは必須である。

とはいえ、レビューへの参加が度を越すと、業務オペレーションに関与しすぎて必要以上に細かい業務の泥沼にはまってしまう。この問題については、調査に参加したCEOと何度も話し合った。COOや事業部長を務めていた当時の役割を捨てられずにいるCEOの多さを、何度も痛感させられた。レビューの多くは主に上級幹部が責任を負うべきものであり、CEOは定期的に報告を受けるだけでよいのだが、この点を失念しているCEOもいる。

CEOが直属の適任者にレビューを任せずにいると、経営チームの自主性が損なわれ責任の所在が曖昧になる。これでは部下の力を最大限に引き出せない。

人材育成と人間関係の構築

リーダー層の育成はそれ自体がCEOの重要な責務である。筆者らはCEOがみずから社内のリーダーの質的向上に関与し、情熱を傾けなくてはいけないと悟った。人事部門に任せ切りにするわけにはいかない。

誰をリーダーにするかは、社風を培ううえでも極めて重要な判断である。どのような人物が採用、昇進、解雇の対象になるかは、CEOと会社が何を真に重視しているかを映し出す。

ＣＥＯは組織の人材を最大限に活用する必要があり、そのためには人間関係を築かなくてはならない。調査対象のＣＥＯは、人間関係の構築に重点を置いた会議に業務時間の25％を費やしていた。相互信頼ができ上がっていると権限を自然に委譲でき、合意に達しやすく、状況把握や事後対応の必要は小さくなる。関係が良好だと相手は好意的な見方をして真実を伝えてくれる。これは組織のトップにとって極めて貴重である。

ＣＥＯが個人的な人脈を活かして人間関係を形成することには数々の利点があり、有用な時間の使い方だといえる。

ＣＥＯは会議漬けである

ＣＥＯは次から次へと会議に出席し、それぞれがまったく異質な場合もありうる。参加する会議の多さと内容の幅広さは、組織のトップならではである。調査に参加したＣＥＯは、平均で１週間に長短さまざまな計37の会議に出席し、業務時間全体の72％を会議に使っていた。

会議時間を短縮して成果を高める

ＣＥＯは本当に必要な会議と誰かに任せてもかまわない会議とを定期的に選別し、就任以前から慣例化していた会議は出席を取りやめる必要がある。

会議時間についても厳しい目を向けるべきである。調査からは、CEOが出席した会議のうち1時間のものは平均32％を占めていた。1時間超は38％、1時間未満は30％であった。会議の長さはえてして組織のしきたりか個人の習慣、あるいはその両方をもとに決まり、特定の長さ（例：1時間）に設定するのが通例であった。

「標準的な」会議時間は、短縮する方向で見直すべきである。これによってCEOの業務効率を飛躍的に高めることができる。調査結果の報告の場でCEOたちは、1時間の会議の多くは30分ないし15分に短縮できると打ち明けた。会議の決まりを改めるのも合理化のための優れた方法である。必ず議題をはっきりさせ、同じことの繰り返しを最小限に抑えるために出席者に準備を義務付けるべきである。優れたCEOはこのような会議原則を全社に広める。

なかには、「1時間の要望に対して自身または秘書が『30分で』と返答すると、冷淡な印象を与えるのではないか」と気を揉むCEOもいた。しかし、会議の長さについて異論を唱えるのは有意義である。「どのような場合も、相手の要望の半分に削るべきです」と言うCEOもいた。

会議の出席者数とその構成も重要である。調査の結果、最も多かったのは一対一の会談（CEOが出席した全会議の42％）、次が参加者2〜5人の会議であった（同21％）。CEOたちは皆、対話集会、リーダー合宿、全社集会のような50人以上の会議に出席していたが、回数は少なく、全会議の5％にすぎなかった。

権限委譲を可能にしたり人間関係を築いたりするためには、一対一ないし少人数の会議を重視するのは理にかなっており、情報漏洩の防止にもつながる。ただし、リーダーは適切なメンバーを一堂に集める機会をも探るべきである。重要テーマ、意思決定、行動課題について共通の理解を引き出し、社内外のさまざまな利害関係者の足並みを揃えることも、CEOの極めて重要な役割である。そのように足並みを揃えて、時間のかかる話し合いの繰り返しを防ぐには、人選が物を言う。

スケジュールにゆとりを持たせて突発的な対処を可能にする

CEOのスケジュールは、かなりの部分（平均75％）があらかじめ決まっている。会議の半数以上（51％）はCEO自身が主催者だった。

会議の性質と回数のコントロールは不可欠だが、緊急の話し合いに備えて一定間隔で時間を取っておく必要があることに気づいた（調査では業務時間の25％がこの目的に充てられていた）。これによって、飛び込みの面会申し入れに対応したり、時宜を得た話し合いや会議を行ったり、不意の出来事に対応したりする余地が生まれる。

CEOが緊急会議に充てることのできる時間は、3％から61％までと大きな個人差があった。調査報告の際に「急きょ会議を開くための時間的余裕を十分に残しておかなかった」と気づいたCEOは、往々にして愕然とし、すぐに改善の必要性を悟った。

時間にゆとりを持たせておき、突発的な事態にも対処できると、「さすがCEOだ」と評価が高まる。常にスケジュールが詰まっているか、秘書が門前払いをしてばかりいると、横柄、尊大、実情を把握していないなどと見られかねない。適度にバランスを取るうえでは秘書の果たす役割が大きい。

一人の時間をひねり出す

ＣＥＯにとっては、思索をめぐらせて会議に備えるために、他からじゃまされない十分な時間を予定に組み込むことが極めて重要である。本調査では、ＣＥＯは平均で業務時間の28％を一人で過ごしていた。ただし、これも個人差が大きく、最小は10％、最大は48％であった。残念ながら、一人だけの時間の大半（59％）が1時間に満たない細切れであり、2時間以上のまとまった時間はごくわずか（18％）にすぎない。ＣＥＯは一人の時間をまとめて確保する必要があり、その時間を目の前の用件、特に受信メールへの対応などで使ってしまうことは避けなくてはならない。本調査に参加したＣＥＯたちにとってもこれはよくある問題であり、当人たちも一も二もなくそれを認めていた。

執務室にいると時間を奪われやすいため、他の場所で一人になる時間を持つことはとりわけ有意義である。会社からの連絡を遮断して遠く離れた場所へ赴くと、往々にして思索のための貴重な時間を持つことができ、多くのＣＥＯがこれを実践すると誓っている。このような機会を活かすために、側近を伴うのは避けるべきだ。

社内の多数の関係者に対応する

調査に参加したＣＥＯは、業務時間の大半（平均70％）は部内者と一緒だったが、社外の人々と同席する時間もそれなりにあった（平均30％）。後者の相手別内訳は、事業パートナー（顧客、サプライヤー、銀行、投資家、コンサルタント、弁護士、広告会社、その他サービス事業者）が16％、取締役が5％、社外活動関連（他社の取締役会、業界団体の仕事、メディアや政府への対応、地域活動や慈善活動）が9％となっている。

社外の関係者も、社内の人々に劣らずさまざまな要望を寄せてくる可能性がある。誰もがCEOとの会談を望むうえ、外部の利害関係者への対応は時間がかかる。そのせいで業務時間や、本社や自宅を離れている時間が長引く例も少なくない。自社の業績向上に直結しない社外の活動にずるずると引き込まれるおそれもある。

顧客のための時間を見つけ出す

CEOの大多数は、顧客と接する時間の少なさ（平均3％）に愕然としていた。コンサルタントと接する時間よりも少ないと知って、いっそう驚くCEOもいた。顧客との時間が少ないのは、一つには社内の業務が非常に多岐にわたるからである。事業部門を統括している間は顧客と接する機会が多いが、全社の指揮を執るようになって責任と権限が増せば、顧客との時間が減るのは当然である。

とはいえ、調査に参加したCEOたちが「3％は少なすぎる」と感じているのは明白だった。顧客は会社の進歩度合い、業界トレンド、競合他社に関する重要な外部情報源である。法人向け事業においては顧客のCEOとの会談は極めて貴重である。CEO同士の非常に率直な意見交換が行われる可能性があるからだ。消費者向け事業でも顧客と接する機会は豊富にある。たとえば小売企業のCEOにとっては、店舗訪問、とりわけ事前周知なしの訪問は、店舗スタッフだけでなく、常連客とも言葉を交わすうえで不可欠の手段である。

一部のCEOは顧客と接する時間を計画的に設けている。たとえば、本調査に参加した金融企業のCEOは、毎日一人は顧客と会って話をすることを目標にしている。メーカーのCEOは月に2日を顧客訪問に充てている。出張に顧客訪問を組み込もうとするCEOもいる。何らかの形で習慣化するのが、顧客と接する時間を十分に確保するための最も確実な方法であるように思われる。

投資家と会う時間を一定以下に抑える

CEOが投資家のために費やす時間は、平均3％にすぎなかった。大多数のCEOはこの結果を意外だと受け止めた。もっと多くの時間を使っていると考えていたのである。ただし、顧客と接する時間は長いほうがよさそうだが、投資家に関してはそうではない。投資家との会合があまりに多いと、ともすれば際限なく時間を消費することになり、CEOは事業の本質を重視するよりもむしろ株価対策に力を入れかねない。

本来は少数の主要運用会社と連絡を取り合い、四半期ごとに業績発表を行い、年次株主総会を実施すれば十分ではないだろうか。言うまでもなく、株主が深刻な懸念を抱いたり、物言う株主が跋扈したりしている場合は、この限りではない。調査対象のCEOたちはおおむね、就任から間もない頃は投資家対応に過度に時間を費やしたが、以後は時の経過とともに、上述のようなメリハリを学んだようである。

事業と無関係な社外活動を制限する

事業と直接には関係しない社外活動に、CEOが気を取られるリスクは無視できない。そのような活動の多くは地域や社会の重要課題に関係し、CEOは引っ張りだこである。本調査では、この種の活動に平均で業務時間のほぼ2％が充てられていた。

CEOは地域や社会への恩返しとして、産業界において指導的役割を果たすべきだが、社会活動や経済団体、業界団体の活動にみずから費やす時間は慎重にコントロールするのが望ましい。CEOの関与は重要かもしれないが、実務の監督やマネジメントを自身で行う必要はなく、直属の部下に任せればよい。部下にとっては士気向上につながり、プロフェッショナルとして腕を磨く機会にもなる。

取締役のための時間を見つけ出す

調査に参加したCEOは全員、取締役会との付き合いの重要性を理解していた。取締役との交流に費やす時間は、平均でCEOの業務時間の5％、四半期で41時間に達していた。もっとも、これも人によって著しい開きがあり、最短は6時間、最長は165時間であった。

CEOは、取締役会は自分にとって目上の存在であり、成功するうえでは「上司のマネジメント」が必須であることをけっして忘れてはならない。ただし、そのためには取締役会、委員会、取締役合宿に参加するだけでは足りず、時間をやりくりして個々の取締役と一対一の有意義な関係を築かなくてはならない。これは各取締役の専門性や視点を活かすために欠かせないのである。

取締役会の場では各人の姿勢や視点がはっきり見えない場合が多いが、それをつかんでおくことは、危機に直面したり、論議を呼びそうな案件を扱ったりする際に極めて重要である。CEOはまた、取締役会から次の取締役会までの間にも、ニュースレターや近況報告などを通して取締役への情報提供を続ける必要がある。緊迫した状況や市場の難問に直面した場合は、共通の理解の下で足並みを揃えることが重要になる。

CEOの役割と影響力の特徴

時間配分のデータからは、CEOの仕事はこれまで論じられてきた、あるいは理解されてきたよりもはるかに複雑であり、仕事、活動、関係者の種類が無数にあることが明らかになっている。

筆者らはCEOの役割を調べる中で、彼らが職務を遂行するうえでは6種類の影響力が必要だと考えるようになった。そのそれぞれが二面性、すなわち陰と陽にも似た矛盾のようなものを持ち合わせており、CEOが成果を上げるためにはそれらを同時に使いこなさなくてはならない（**図表7-2**「CEOのさまざまな影響力を使いこなす」を参照）。

第1に、非常に多くのレビューや一対一のミーティングを実施していることからわかるように、CEOが多数の課題や判断に直接的な影響力を及ぼすのは明白である。ただし、CEOの時間や知識にはどうしても限りがあるため、間接的な影響力の比重も大きくならざるをえない。優れたCEOは強い責任

図表7-2｜CEOのさまざまな影響力を使いこなす

CEOは6種類の影響力を行使するが、そのそれぞれが二面性、すなわち陰と陽にも似た矛盾のようなものを持ち合わせている。この二面性を同時に操るのが、優れたCEOの特徴である。

直接的	CEOみずからが数々の課題に関わり多くの判断を下す。	間接的	CEOはまた、統合のメカニズム、プロセス、組織体制、規範などを用いて他者の仕事ぶりに多大な影響を及ぼす。
対内的	すべての業務を成し遂げるために、上級チームや他のあらゆる階層の社員と連携する。	対外的	会社の顔として社外の多数の利害関係者と接し、外部の視点を社内に持ち込まなくてはならない。
能動的	目的意識を明確にし、先見性のあるビジョンを持ち、より大きな成功へと会社を導かなくてはならない。	受動的	日々の課題から自社の業績を大きく揺るがすであろう本格的な危機に至るまで、その時々の出来事への対応も求められる。
威光	CEOはその地位と経営資源の支配力ゆえに、すさまじい威光を放つ。	制約	賛同を取り付け、人々を結集させ、適切なメッセージを発しなくてはならない。
具体的	戦略の方向性、組織、リソース配分、幹部の選抜など数々の具体的な判断を下す。	象徴的	CEOの影響力の多くは漠とした象徴的なものである。彼らの行動は基調を定め、規範を伝え、理念を形成し、意味をもたらす。
権力	CEOは社内で正式な権力と権威を握っており、能力と実績がそれを裏打ちする。	正当性	CEOの影響力は正当性にも依拠し、正当性は人柄のほか、理念、公正さ、組織への献身を示すことによって社員から得た信頼に基づく。

感を持つ一方、戦略、社風、徹底的な分析や全社の協力を促す効果的な組織プロセスを用いて、他者をうまく動かしながら仕事をする。CEOは直接と間接、両方の影響力をうまく組み合わせる術を身につける必要があるのだ。

第2に、CEOの仕事の多くは必然的に部内者対応とマネジメント業務を含む。しかもデータからは、これらはすさまじい量であることが確認されている。とはいえ、社外の多数の関係者とも関わって影響力を行使し、世の中に向けて自社を代表しなくてはならない点で、CEOは独特な立場にある。敏腕CEOは外部の視点を社内業務に反映させることにより、対内的、対外的、両方の役割を結び付ける。自社の業務と理念を社外の関係者に確実に理解してもらう必要もある。

第3に、CEOの業務の多くは本来的に能動的な性質を持つ。問題点を事前に察知し、事実データの収集と分析を行い、時機を逃さずに妥当な判断を下すのだ。この場合、CEOが課題を設定して前に進める役割を担う。ただし、予想もしなかった計画外の出来事や危機にうまく対応するのも、極めて重要な仕事である。選択の時であり、CEO個人の存在感ないしはその欠如が、社内外両方にとって重大な意味を持つ。これは会社の命運がかかった、CEOの統率力が大きく問われる局面である。

第4に、CEOは組織階層の頂点に君臨して経営資源を活用しやすい立場にあるため、ひとかたならぬ威光を持つが、それを活かそうとすると、数々の、しかもえてして知られざる制約や複雑な事情に直面する。意思決定の承認を求められた場合に頻繁に拒否したり、首脳陣や取締役会の支持や同意を取り付けないまま性急に変革を進めたりするわけにはいかない。変革の実現に向けて巻き込むべきグループや個人に目星をつけ、彼らを結集できそうなリーダーをどうすれば味方につけられるか、突き止めなくてはならない。CEOはバランス感覚を発揮して、自身の威光を十分に活かしながらも、限度というものを意識し、味方につけるべき関係者にも気を遣わなくてはならない。さもないと抵抗や反発を招き、しっぺ返しに遭うだろう。

第5に、CEOの影響力は戦略上の優先順位の判断、予算目標の設定、人材の選抜など極めて具体的なものが多いが、象徴的な影響力も非常に大きく、これは人々がCEOの行動に見出す意味を源泉としている。何を着るか、どのような車に乗るか、どこに駐車するか、何を食べるか、誰とどのような会話をするかなど、CEOが何をして何をしないかは、自社とその関係者にたえず暗黙のメッセージを送っている。CEOの一挙手一投足が組織の重点、行動規範、社風や理念に影響する。彼らの判断は、具体的行動にも増して大きな象徴的効果を持つのだ。

第6に、CEOは正式な権力と権威も極めて強く、すでに述べてきた数多くの方法によりそれらを行使する。もっとも、成功を揺るぎないものにするには、権力、権威、コンピタンス、さらには結果さえも十分ではない。優れたCEOは正式な権力や権威に加えて正当性をもまとう。CEOが正当性を手に入れるのは、社員から、人間としてまたリーダーとして信頼された時である。これを実現するには、理念、倫理感、公正さ、会社と社員への私心のない献身を示すなど、いくつもの方法がある。正当性は、ただ命令に従うだけではなく、もっとはるかに高いモチベーションを引き出して、卓越した組織的成果を生む可能性を秘めている。したがってCEOの時間配分は、単に会議や意思決定プロセスにどう関わるかという問題ではない。むしろ、人として組織やそこで働く人々とどう関わるかを、包括的に映し出すのである。

ＣＥＯは以上のような6種類の影響力を使いこなすが、その中でＣＥＯは、自分の仕事に上意下達とは違う間接的で曖昧な人間臭い側面があることを、ともすれば見落としてしまう。しかし、そのような側面に気づかずにいると、変革推進の最も強力な手段を放棄することになる。

優れたリーダーが重要である理由

リーダーのよりよいマネジメントを後押しするために、無数のコンセプト、ツール、評価尺度が考案されてきた。しかし、複雑な大企業のＣＥＯの行動実態について、時間配分をもとに研究したところ、リーダーシップの本質、種々の構成要素や側面に関して、新たな発見があった。ＣＥＯ職はすさまじい努力と不退転の決意を要し、高い成果を上げるのは容易ではない。

ＣＥＯの成果は社員、顧客、地域社会、富の創造、経済動向、そして社会にさえも、良くも悪くも非常に大きな影響を及ぼす。職務の規模と範囲が拡大を続け、組織が複雑さを増し、技術が進歩し、競争が増え、責任が重くなるにつれて、ＣＥＯの立場は難しさを増している。本稿の狙いは、このような重責を担わなければならない現在と将来のリーダーに、ＣＥＯの役割や時間という最も重要な経営資源の最適配分についての理解を促すことである。

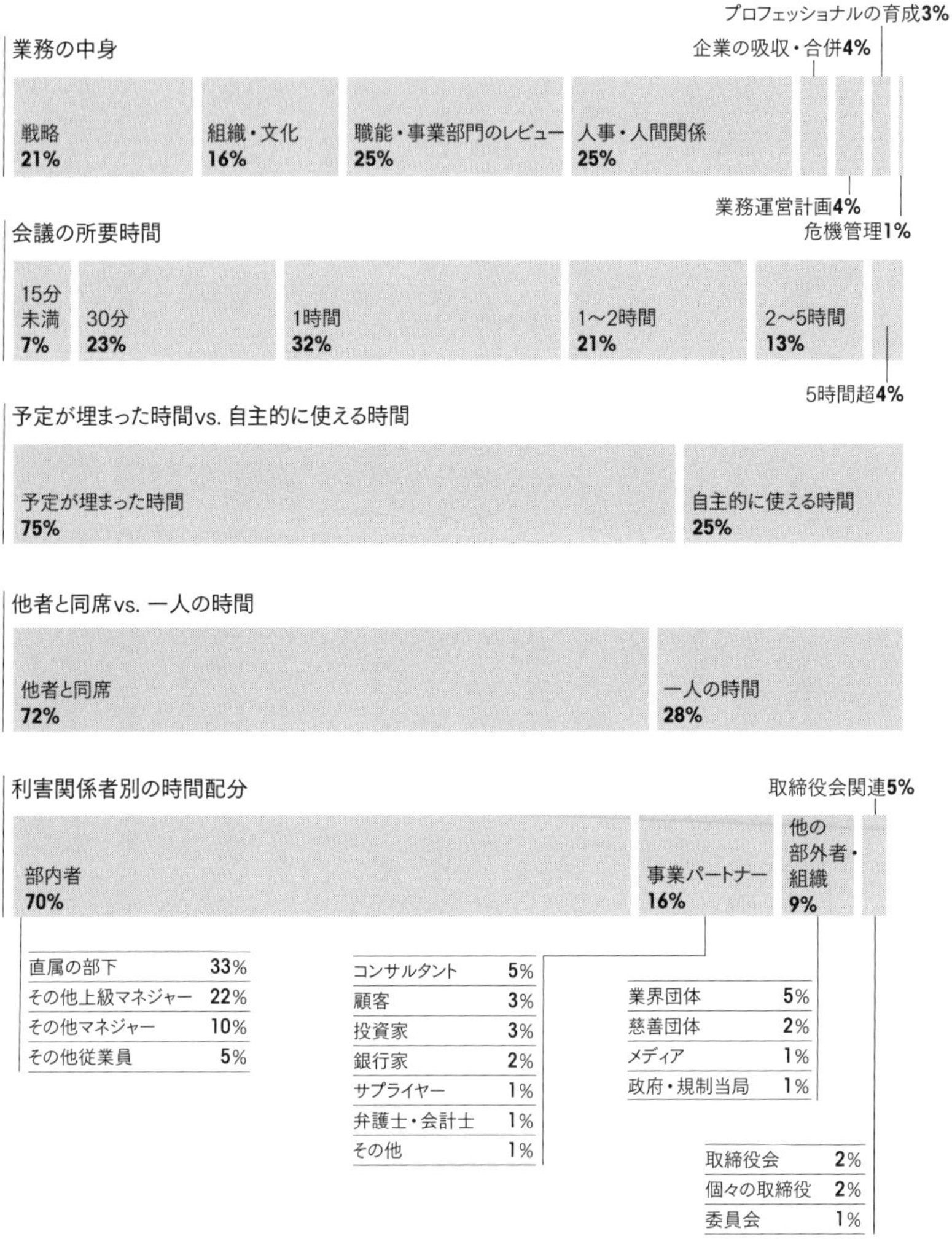
業務の中身
戦略 21%
組織・文化 16%
職能・事業部門のレビュー 25%
人事・人間関係 25%
企業の吸収・合併4%
プロフェッショナルの育成3%
業務運営計画4%
危機管理1%
会議の所要時間
15分未満 7%
30分 23%
1時間 32%
1～2時間 21%
2～5時間 13%
5時間超4%
予定が埋まった時間vs. 自主的に使える時間
予定が埋まった時間 75%
自主的に使える時間 25%
他者と同席vs. 一人の時間
他者と同席 72%
一人の時間 28%
利害関係者別の時間配分
部内者 70%
事業パートナー 16%
他の部外者・組織 9%
取締役会関連5%
直属の部下 33%
その他上級マネジャー 22%
その他マネジャー 10%
その他従業員 5%
コンサルタント 5%
顧客 3%
投資家 3%
銀行家 2%
サプライヤー 1%
弁護士・会計士 1%
その他 1%
業界団体 5%
慈善団体 2%
メディア 1%
政府・規制当局 1%
取締役会 2%
個々の取締役 2%
委員会 1%

図表7-3｜CEOは実際にどのように行動しているのか

企業リーダーが多忙を極めることはわかっていても、彼らの日々のスケジュールについては驚くほどわずかしか知らない。この知識不足を埋めるためにハーバード・ビジネス・スクール教授のマイケル・ポーターとニティン・ノーリアは2006年、同校が開催する新任CEOワークショップの参加者たちに、13週間にわたって1日24時間、週7日間の時間の使い方を記録するよう要請した。27人のCEOから総計約6万時間の情報が集まった。以下で紹介するのは、HBSのリサーチアソシエート、サラ・ヒギンスの助けを借りてその情報をまとめた結果である。ここには、CEOたちがさまざまな活動、場所、優先課題、会議、利害関係者にどう時間を割り振っていたか、その平均像が示されている。

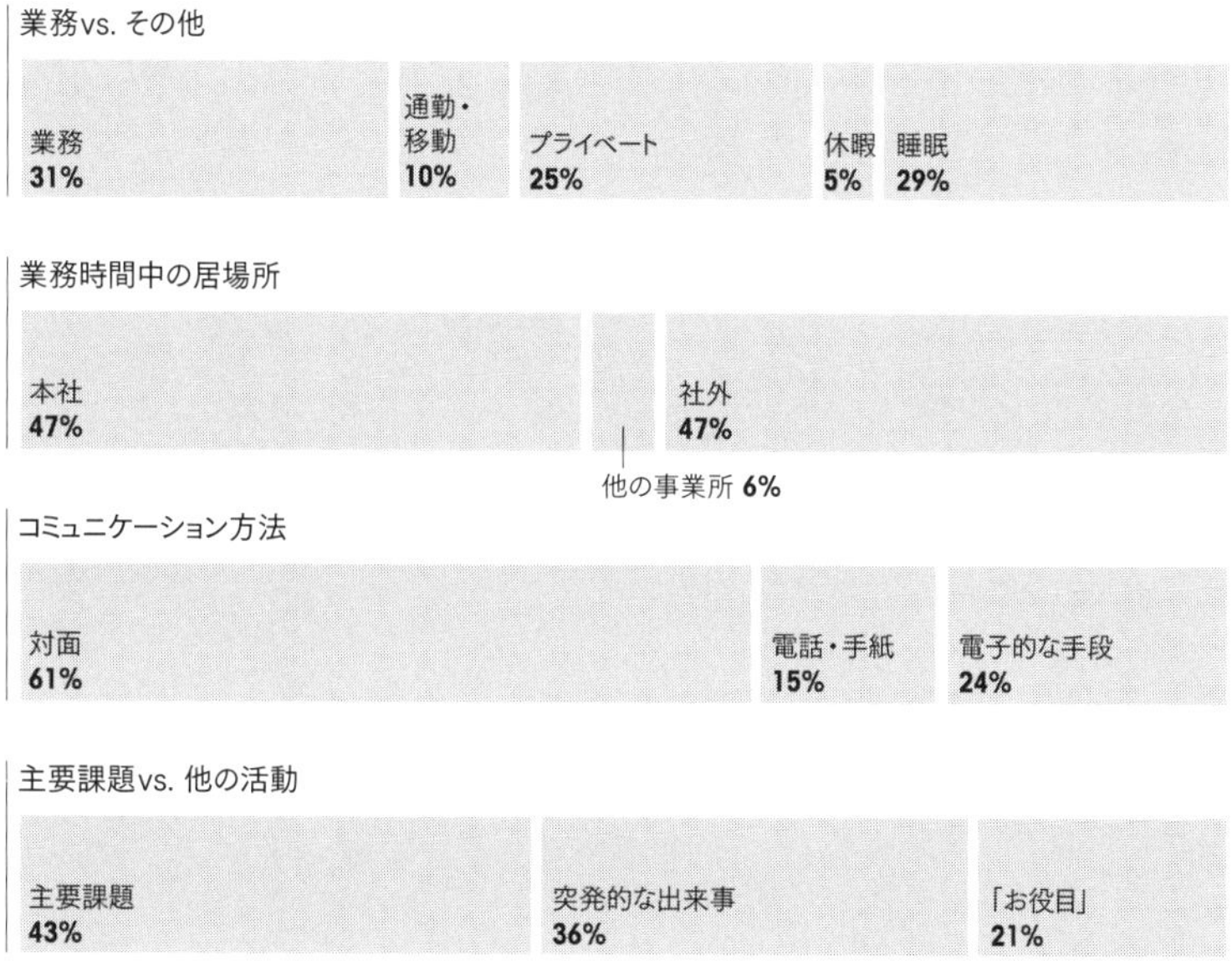

有能なCEO秘書が取る4つの行動

CEOが気を散らしたり不必要な活動に担ぎ出されたりするのを防ぎ、限られた時間を有効に使えるようにするうえで、秘書の果たす役割は大きい。CEOからしばしば「有能な秘書がいると、仕事の効率と成果が目覚ましく向上する」と聞かされるが、本調査はこの見方を裏付けている。

とはいえ、秘書は往々にして相容れない、いくつもの圧力を感じ、そのせいでCEOのスケジュール管理に失敗しかねない。たとえば、「CEOは自分だけの時間を必要としている」と気づいているかもしれないが、調査結果からは、多くの秘書はCEOの予定が埋まっていると「上司は職責を果たしている」と受け止めることが示唆されている。ともすれば、間隔を空けずに次々と約束を入れ、突発的な話し合いや誰にもじゃまされない省察のための時間を削ってしまう。

そのうえ、CEOの時間を無駄にしないことが秘書である自分の最重要責務だとわかっていても、「他者、特に同僚から頼まれると断りたくない」という人間臭さを持つ人もいる。すると、さほど重要ではない会議がCEOの予定に組み込まれてしまう。逆に、「門番」としての伝統的な役割に徹底的にこだわって厳格にスケジュールを管理すると、CEOが周囲から「冷淡だ」「近づきがたい」などと見られかねない。

CEOの時間を適切に管理するには、判断力とEI（感情的知性）が求められる。秘書はCEOを代弁してその印象を左右しかねないため、高いコミュニケーションスキルも欠かせない。筆者らは調査を通して、秘書の手腕向上につながる重要な行動を4つ突き止めた。

❶リーダーの課題を理解する

CEOは優先事項を詳述した課題一覧を用意し（四半期ごとに要更新）、課題の前進につながる活動に多くの時間を割くべきである。秘書がその課題を心に留めておき、会議の出席依頼が寄せられるつど、課題に照らして出席の適否を判断することが重要である。CEOには、秘書に課題とそれに沿ったスケジュール管理の重要性を理解させる責任がある。

❷関係者すべてを巻き込む

どの階層のマネジャーも皆、「会議が多すぎる」と不満を述べる傾向がある。解決策として、会議の人数を絞り、仕事外せないメンバーだけに出席を依頼するよう努めるとよい。ただし、優れたCEOは「任せ上手」であり、仕事をうまく任せるには、直属の部下や関連するマネジャーを出席させる必要がある。さもないと、会議の後に余計な連絡や補足が必要になる。有能な秘書はこのような事態を防ぐために、指示されるまでもなく関係者を会議に呼ぶ。

❸不意の出来事への即応の重要性を認識する

たいていのCEOは過密スケジュールを抱えている。廊下を歩いてふとした会話を交わす時間が増えると有益だろう。予想外の出来事に対処する余地も必要である。秘書が上司の予定にいくらかゆとりを持たせておくと、頻繁に予定をキャンセルしたり、変更したりすることを避けられる。

❹プライベートや家族との時間を懸命に守る

秘書は、CEO職に付き物の長時間労働、出張、ストレスが大きな犠牲を伴いかねないことを認識すべきである。家族や友人との時間、定期的な運動、充電や省察の機会は、仕事の切れ味を保ち、燃え尽きるのを防ぐうえで極めて重要である。CEOが必要なバランスを維持して長期にわたって成果を上げ続けるには、それを支える秘書による日々のスケジュール管理が大きな役割を果たす。

第8章

会話力が俊敏な組織をつくる

ハーバード・ビジネス・スクール 教授
ボリス・グロイスバーグ
作家、編集者、コミュニケーション・コンサルタント
マイケル・スラインド

"Leadership Is a Conversation"
Harvard Business Review, June 2012.
邦訳「会話力が俊敏な組織をつくる」
『DIAMONDハーバード・ビジネス・レビュー』2012年11月号

**ボリス・グロイスバーグ
(Boris Groysberg)**
ハーバード・ビジネス・スクール教授。
経営管理論を担当。

**マイケル・スラインド
(Michael Slind)**
作家、編集者、コミュニケーション・コンサルタント。

2人の共著に *Talk. Inc.: How Trusted Leaders Use Conversation to Power Their Organizations*, Harvard Business Review Press, 2012.（未訳）がある。

指示命令型コミュニケーションの限界

近年、指揮統制型の経営はみるみる後退している。指示を出すだけの純然たるトップダウン型リーダーシップは、グローバル化や新技術、企業の価値創出の仕方や顧客関係のあり方の変化に伴い、その実効性が急速に失われている（**章末**「リーダーが直面する新たな現実」を参照）。

では、この型に取って代わるのは、どんなモデルなのか。その答えの一端を、リーダーの社内コミュニケーション管理のあり方――リーダーから社員、社員からリーダー、そして社員同士の情報フローをどうさばくか――に見出すことができる。

従来型の社内向け広報を、もっとダイナミックで高度なプロセスに改めなければならない。何より大切なのは、会話型のプロセスを導入することだ。これは21世紀の社内コミュニケーション事情を調査した筆者らの結論である。

筆者らは2年以上かけて国内外の大企業や小企業、一流企業や新興企業、営利企業や非営利組織など、さまざまな組織の専門の広報担当者と経営者にインタビューを行った。１００社を超す企業の１５０人近くから話を聞いた中で、ある時はそれとなく、ある時は明確に回答者たちが口にしたのは、社員と「会話する」取り組みや、社内の「会話を活性化する」意気込みについてだった。筆者らはこの調査から得た知見と事例をもとにリーダーシップのモデルを作成、「組織内会話」と名づけた。

昨今の賢明なるリーダーは、上から次々と指示を与えるよりも、個人同士の普通の会話に近いやり方で社員と接していた。しかも、会話志向を社内の隅々にまで浸透させるような活動を取り入れ、文化的規範を育んでいた。最大の利点は、大企業や成長企業が小企業のように動けるようになることにある。リーダーが単に社員に指示を出すのではなく、社員と話し合うことで、新興企業が一流企業に対抗する際に武器とする資質――業務の柔軟性、社員の強い熱意、戦略面での一致団結――を、ある程度は維持回復できるようになる。

モデルづくりに当たり、筆者らは個人同士の会話の特性と対応させ、組織内会話にも「親密性」「双方向性」「包括性」「意図性」という4つの要素があると考えた。もちろん、会話重視型で組織を運営するリーダーであっても、4要素すべてに細かく気を配る必要はない。

とはいえ、筆者らの調査からは、この4つの要素が互いに補強し合う傾向にあることがわかった。つまり、4要素が絡み合いながら、統合された一つのプロセスを形成しているわけである（**図表8**「組織内会話の4要素」を参照）。

要素1　親密性：親しい関係をつくる

個人の会話の場合、比喩的な意味でも実際の距離でも、参加者同士の距離が近いほど会話が弾む。組織内会話も同じで、制度や態度から生じる距離、あるいは空間的な距離など、リーダーと社員を隔てて

包括性リーダー	意図性リーダー
どのように 企業のコンテンツを制作するか	どのように 戦略を伝えるか
●経営陣がメッセージを作成してコントロール ●社員は受動的な情報消費者	●断片的、受動的、場当たり的なコミュニケーション ●リーダーは上意下達により戦略の社内浸透を実現
●リーダーはコンテンツのコントロール手段を返上 ●企業のメッセージ発信に社員が積極的に参加	●明確な重点課題があらゆるコミュニケーションに浸透 ●リーダーは重点課題を社員にていねいに説明 ●組織をまたぐ会話から戦略が誕生
●リーダーは会社の物語の発信に社員を活用 ●社員がブランド大使やソートリーダーとして活躍	●リーダーは企業戦略を軸にメッセージを作成 ●特別設計のコミュニケーション手段を介して社員が戦略策定に参画

いる距離を最大限に縮める必要がある。

会話型の親密性が根付いている企業では、決定権を持つ者がみずからすすんで部下の信頼、ひいては細心の注意を得ようとする。そのため、どんな階層の社員に対しても聞き上手になろうとするし、社員と直接、本音で語り合う術も身につけようとする。

とはいえ、リーダーと社員が物理的に近くにいられる場合ばかりではないし、必ずしも近くにいなければならないわけでもない。肝心なのは、精神的、感情的な近さである。会話上手なリーダーは、会社での高い役職をいったん脱ぎ捨てたうえで、一個人として部下

図表8｜組織内会話の4要素

親密性リーダー	双方向性リーダー
どのように 社員と接するか	どのように コミュニケーションチャネルを利用するか
▼従来のモデル：社内向け広報	
●トップダウン中心の情報フロー ●堅苦しく、会社っぽい口調	●メッセージを社員に配布 ●印刷された社内報、社内メモ、スピーチが主体
▼新しいモデル：組織内会話	
●私的で直接的なコミュニケーション ●リーダーは、信頼と本音を重視	●リーダーは社員に語りかけるのではなく、社員と語り合う ●顔を見ながらの双方向のやり取りを促す企業文化
▼企業と社員にとっての意義	
●リーダーは社員にただ話しかけるのではなく、社員の話に耳を傾けることを重視 ●社員はボトムアップ方式で意見を交換	●リーダーはビデオ用ツールやソーシャルメディア用ツールを使って双方向コミュニケーションを促進 ●社員はブログや討論フォーラムを通じて同僚とやり取り

とざっくばらんにコミュニケーションを図ろうとする。

組織内会話と、長年にわたり標準とされてきた社内向け広報の違いは、この親密性にある。組織内会話では、トップダウン型の情報伝達からボトムアップ型の意見交換に重点が移る。会社風の口調が弱まり、打ち解けた感じになる。命令したりされたりする関係が薄れ、質疑応答のようになる。

親密性をより顕著なものにするには、信頼を獲得する、傾聴する、個人として関わるなど、さまざまなやり方が考えられる。

信頼を獲得する

信頼がなければ、親密性は生ま

れようがない。その逆もしかり。腹に一物ありそうな相手や敵意が見られる相手と、腹を割って意見を交わす人などいない。どんな議論でも、互いに相手の言葉を額面通りに受け取ることができて初めて、内容が伴う有意義なものとなる。

だが、信頼は、生半可なことでは築けない。組織においてはなおさらである。リーダーは本音で率直に語らない限り、社員の信頼を得られない。場合によっては、信頼を得るために、財務上の機密情報など部外秘と思われる情報を伝えることもありうる。

医療記録技術を提供するアテナヘルスは、何と社員を一人残らず、法律上の厳格な意味での「インサイダー」として扱っている。インサイダーとは企業の事業見通しや、ひいては株価に、大きく影響しかねない戦略情報や財務情報を知らされる社員と定義され、通常は経営上層部しか該当しない。

これほど広く帳簿を開示するのは危険な行為であり、引受証券会社からはもちろん反対され、SEC（証券取引委員会）も難色を示した。だが、アテナヘルスの経営陣は、社員が単なる規則上の意味を超えたインサイダーになることを望んだ。すなわち、社員が事業に全面的に参画することを望んだのである。

傾聴する

組織内会話に真剣に取り組むリーダーは、自分の話をやめて聞き役に回るべきタイミングをわきまえている。社員の話を傾聴することほど、会話における親密性を深める行動はない。心の底から耳を傾ける態度は、あらゆる地位と役割の社員に敬意を持つこと、相手に好奇心を抱いていることを伝え、さらには一定の謙虚ささえも示すサインとなる。

デューク・エナジーの会長兼社長兼CEOであるジェームズ・E・ロジャーズは、シナジー（後にデュークと合併）の会長兼CEOだった頃、「リスニングセッション」と銘打った会を始めた。90～100人ほどのマネジャーを集め、3時間にわたり、何でもいいから差し迫った課題を挙げてもらったのである。こうした場がなければ見逃していたかもしれない情報を、議論を通じて拾い集めていった。

たとえば、ロジャーズは主任を集めたセッションで、不公平な報酬体系をめぐる問題を耳にした。彼いわく、「これが社内で表面化するのを待っていたら、どれほど時間がかかったでしょう」。そして、この問題で困っている社員から直接聞いた話だったからこそ、人事部に対してすぐさま解決策を見つけるよう指示を出せたのである。

個人として関わる

ロジャーズは会社の問題点を挙げてもらうだけでなく、ロジャーズ自身の仕事ぶりについても社員の意見を募った。あるセッションでは、自分をAからFまでで採点するように社員に頼んだこともある。

匿名で投じられた評価結果は、ただちに画面上に表示され、全員が見ることができた。おおむね点数は高かったものの、Aをつけた社員は半数に満たなかった。この結果を真摯に受け止めたロジャーズは、定期的に同様の評価を実施するようになった。

同時に、自分の仕事ぶりについて自由回答方式でも意見を求め始めた。少々皮肉なことだが、改善の余地があると考える回答者が最も多い領域は「社内コミュニケーション」であることがわかった。

ロジャーズは組織内会話を通じて社員と親しもうとしていたが、それでも社員の5分の1は、さらに近づくよう彼に求めていたのだ。真に傾聴するということは、良い話も悪い話も受け入れ、直接的な個人攻撃でも、たとえ直属の部下からの批判であっても甘受するということである。

シカゴに本社があるエネルギー企業のエクセロンでは、会社の経営理念を社員に徹底するためのプロジェクトから、極めて個人に根差した形の組織内会話が生まれた。通常、経営理念が社員に親密さを浸透させることはほとんどない。たいてい、単なる空論として片づけられてしまうものである。

そこで、エクセロンは同社の主要理念の一つである「多様性」をめぐるコミュニケーションで、実験的な試みをした。演出も技術的効果も加えない淡々とした短編ビデオをシリーズ化し、トップレベルのリーダーが、自身にとっての多様性の意味を、台本なしに極めて個人的に語ったのである。

その内容は、社内で表立って議論されることなど皆無に近い、人種問題や性的指向などのテーマだった。当時、エクセロンの財務担当役員だったイアン・マクリーンは、英国のマンチェスターで労働者階級の一人息子として育ち、階級的偏見のつらさを味わったと語った。

どんな時に自分が「人と違う」と感じたかと尋ねられたマクリーンは、銀行に入り、上流階級出身者ばかりの同僚の中で働き始めた頃の様子を次のように語った。

「私にはなまりがありました。よそ者扱いで、仲間はずれにされました。それで、彼らのように垢抜けていないことを思い知らされたのです……。私の周りにいる人たちには、誰一人、同じ思いを味わってほしくありません」

こうした飾らない話が、社員に強い印象を与えるのである。

要素2　双方向性：対話を促進する

個人の会話では、字義の通り、2人以上の人間がコメントや質疑を交わす。一人言をつぶやいても、当然ながらそれは会話ではない。組織内会話も同様で、リーダーは社員とともに語り合うのであって、一方的に話しかけるものでもないし、限られた相手に指示を出すものではない。双方向性により、誰もが参加できる活発な会話が生まれるのである。

双方向化する以上は、対話ならではの予測不能な活発さを受け入れなければならない。それは、一方的に話しかける時のように単純にはいかない。双方向化を進めれば親密性が増し、その親密性を土台にして双方向化が進む。逆に言えば、社員が声を上げ、必要に応じて反論するために必要なツールと制度上の仕組みの両方が揃わない限り、社員とリーダーの間の溝を埋める試みは失敗に終わる。

しかしこの流れは、コミュニケーションチャネルの変化を反映している。長年にわたり、それなりの規模を持つ企業では、社内の交流を図ることが技術的に難しいか不可能だった。コミュニケーションの規模と効率を満たすために企業が利用していた媒体、とりわけ印刷物と放送は一方通行の媒体だったからである。

だが、新たなチャネルが登場し、このような一方通行の仕組みを崩した。ソーシャル技術のおかげで、リーダーと社員は個人的な会話と同じ形、同じ感覚の社内環境を整えられるようになったのである。

ただし、適当な技術を導入するだけでは、双方向性を実現できない。それに劣らず重要な点として、ソーシャルメディアはソーシャル思考で支える必要がある。社内向けの広報を双方向型コミュニケーションに脱皮させようと試みたのに、社内に根付いた企業文化がことごとくじゃまをする例は枚挙にいとまがない。大方の役員やマネジャーは、あらゆる媒体を自分のメガホン代わりに好き勝手に使いたいという誘惑に勝てないようだ。

それでも、紛れもなく双方向型の企業文化――対話を歓迎する環境を生む価値観や規範や行動――を、リーダーが育んできた企業もある。

ツールを活用したシスコの試み

双方向性の効果を、シスコシステムズの例で説明しよう。偶然だが、シスコはソーシャル技術に分類されるさまざまな製品の製造と販売を手がけている。社員はそうした製品を社内で利用しながら、質の高い双方向コミュニケーションを実現するメリットを探っている。

この種の製品の一つであるテレプレゼンスは、離れた地点を結んでビデオ映像を送信し合うことで、疑似的に相手と差し向かいで会議ができる仕組みである。複数の大型モニターが包み込むような臨場感を生み、絶妙に配置された特製会議テーブルが互いの画面に映し出され、あたかも同じテーブルに座っているかのように感じられる。

ある意味、インターネット上のビデオチャットを大がかりにして、オンライン映像を乱す典型的な原因である信号の遅れや中断をなくしたようなものである。

さらに重要なのは、この装置が視覚上のサイズという決定的な問題を克服したことである。離れた地点を結んで行うコミュニケーションを研究したシスコの技術者は、モニター上の人物の姿が実寸の80％を切ると、映像を見ている人が相手とあまり言葉を交わさなくなることを発見した。テレプレゼンスでは出席者が等身大で映り、目を合わせることもできる。

この手の高度な技術を使ったツールを使えば、リアルタイムの自然なやり取りを取り戻せる。シスコのオペレーション、プロセス、およびシステム担当エグゼクティブバイスプレジデントのランディ・ポンドは、この種のやり取りには「総合的」会話の利点があると考えている。彼は次のようなエピソードで「総合的」会話の概念を説明してくれた。

ある日、ポンドが自席でテレビ会議に参加した時のこと。コンピュータ画面に映し出された同僚数名の映像を見ながら相手にコメントを伝えたところ、出席者の一人が「頭を抱え込む」のが見えた。おそらくポンドのコメントにがっかりしたのだろう。しかも、その姿を見られているとは思いも寄らなかったようだ。そこでポンドは、「『こちらから丸見えだ。反対なら、そう言ってほしい』と告げました」と筆者らに語った。

その後、ポンドはその懐疑的な同僚と語り合い、事情をすべて知ることができたそうである。もちろん、これより双方向性に劣るコミュニケーション手段を使っていたとしても、いつかはその事情を知ることができたかもしれない。しかし、はるかに効率が悪かっただろう。

トップが率先して行う

シスコのコミュニケーション文化の要は、社長兼CEOのジョン・チェンバースである。チェンバースはさまざまな公開の場を通じて、社員との交流を図っている。

一例を挙げると、2カ月に一度ほどの割合で「誕生日チャット」を催していて、その2カ月間の対象期間中に誕生日が来るシスコの社員なら誰でも自由に参加できる。参加者が気兼ねなく発言できるようにするため、上級管理職はこの催しに呼ばれない。

また、月に一度ほどの割合で、チェンバースはアドリブで短いメッセージを収録し、ビデオブログとして全社員にメールで届けている。ビデオ映像を使えば、社員に直接、アドリブでざっくばらんに語りかけられる。こうすれば身近に感じてもらえて、信頼を築くことができるのである。

本来、ビデオブログは一方通行の性質を持つものだが、チェンバースと担当部署は双方向性を持たせるために、社員に対しても、文章によるコメントやビデオメッセージを返すよう募っている。

要素3　包括性：社員の役割を拡大する

個人の会話は、うまくすると機会均等化の場となる。つまり、議論の内容が参加者全員の共同所有物となる。だからこそ、会話の場に自分独自のアイデアを、それぱかりか全身全霊を捧げるようになるのだ。

同様に、組織内会話を実現するには、会社の物語を構成するコンテンツづくりに社員が参加する必要がある。インクルーシブ・リーダー（包括型リーダー）は、社員を会社の正式ないしは準正式の広報担当者と見なすことで、会話の正式な仲間に加えてしまう。すると、社員が会社生活全般に抱く愛着がいちだんと強まるのである。

包括性は、先に挙げた親密性や双方向性にとっても極めて重要である。親密性には社員と親しくなろうとするリーダーの努力が関係するが、包括性はその過程で社員が果たす役割を重視するからだ。また、包括性は、双方向性の取り組みを広げる。社員がほかの人から示された意見をただ右から左へと受け流すのではなく、自分の意見を、主に会社のチャネルを使って述べられるようになるからだ。つまり、社員は第一線で活躍するコンテンツ提供者の役割を担うようになるのである。

標準的な企業広報モデルでは、経営上層部と専門の広報担当者が独占的にコンテンツづくりを行い、公式チャネル上での社員の記述や発言は厳しく統制される。だが、包括の精神が根付けば、熱意ある社員の手でコンテンツをつくったり、ブランド大使や、ソートリーダー（思想的リーダー）、語り部といった重要な役割を担ったりできるようになるのだ。

ブランド大使

自社の製品やサービスを愛してやまない社員は、そのブランドの生きた広告塔になる。これは自然発生的に起きうる現象だし、現実にもそうなっている。つまり、生計を立てるための仕事に愛情を注ぎ、プライベートの時間にも仕事と取り組む人がたくさんいるのである。

なかには、この種の行動を積極的に応援している企業もある。たとえば、コカ・コーラは正式にブランド大使制度を設けているが、これには社員がクチコミや活動を通じて「コーク」のイメージや製品を売り込むことを奨励する狙いがある。

同社のイントラネットには社員用の情報源として、自社が支援するボランティア活動を社員に紹介するツールなどがアップされている。ブランド大使制度の中心は9項目にわたる大使活動である。具体的には、「店頭における勝利」の支援（一例として、小売店の店頭ディスプレーをみずから飾り付けること）、見込み客の紹介、小売店での「コーク」品切れ事例の報告などがこれに該当する。

ソートリーダー

知識集約型の業界で市場の主導権を握るため、スピーチ原稿や記事や白書などを、コンサルタントや社内の専門家に頼んで起草してもらう会社もあるだろう。だが、最も革新的な思考が生まれるのは、えてして組織の奥深く、社員が新製品や新サービスの開発やテストを行っているところである。

そうした社員にソートリーダーとしてのコンテンツづくりと売り込みを任せることも、業界の主要関係者の間で自社の評判を高めるうえで、賢明にして手っ取り早い方法といえる。

近年、ジュニパーネットワークスは、隠れたソートリーダーを研究室や事務所から公共の会場に引っ張り出し、その知的能力を業界の専門家や顧客の目の前で披露させる取り組みを進めている。同社の技術者は次世代のシステム半導体やハードウェアの開発に取り組んでいるため、業界動向に対する鋭い読みを語ることができるのである。

それらの見解を関係先に伝えるため、ジュニパーネットワークスは国内外の技術会議に技術者を派遣し、自社のブースで顧客と引き合わせている。

語り部

専門の広報担当者からその会社の話を聞くことに人々は慣れている。とはいえ、何といっても第一線の社員からじかに話を聞くのが一番である。社員がみずからの経験をもとに、ありのままを語れば、メッセージに魂が通うのである。

コンピュータストレージ業界最大手のＥＭＣは、社員から積極的に話を引き出している。同社のリーダーが社員に求めているのは、業績改善手法をめぐるアイデアや、自社そのものへの意見である。ここで重要なのは、社内のどこから出されたアイデアでも歓迎する意向を徹底することだ。

一例を挙げると、２００９年、同社は *The Working Mother Experience*（働く母親の体験談）という本を刊行した。これは、社員であり親であることの両立をテーマに、複数のＥＭＣ社員が同僚社員のために筆を執った２５０ページの大型豪華本である。この企画を発案したのは第一線の社員たちであり、当時、グローバルマーケティング兼カスタマー品質担当のエグゼクティブバイスプレジデントだったフランク・ハウクの尽力で実現した。

ＥＭＣのような大企業が、これ見よがしにこの種の本を製作することは珍しくない。だが、この企画は企業広報の一環としてではなく、草の根の取り組みとして社員の手で進められたものである。このほかにも、ブログを書いているＥＭＣ社員が数十人いて、主に同社の公式サイト上で会社生活をめぐる生の声や技術関連の意見を発表している。

当然のことだが、包括性を求めれば、世間に示すべき自社の姿をコントロールする力を、経営陣は大幅に失うことになる。だが、実は文化や技術が変化したことで、いずれにしても、コントロールする力はすでに損なわれているのだ。あなたが好むと好まざるとにかかわらず、社員の誰もが、自分の席にいながらにして会社の評判を傷付ける（あるいは、高める）ことができる。社内文書を記者やブロガー、あるいは、それこそ友人グループにメールで送り付けるだけで、あるいはネット上のフォーラムに意見を投稿するだけでいいのである。

つまり、インクルーシブ・リーダーの行為は当然の帰結にすぎない。ボルケーノの社長兼CEO、スコット・ヘネケンスによると、コミュニケーションの管理を緩めたところ、前と比べて会社生活の息苦しさが和らぎ、生産性が高まったという。情報が自由に流れることで精神の自由度が増すのである。なかには、最低限守るべき事項を定めようとする企業もある。たとえば、インフォシスは社員がソーシャルネットワークに参加するのは抑えられないことを踏まえたうえで、社員に対して、「誰かに反対意見を述べるのはいいが、不愉快な態度は取らないように」と伝えている。

また、トップダウン方式では管理し切れない隙間を、社員の自主管理方式が埋める事例は、リーダーがしばしば経験するところである。たとえば極論を吐く者がいたとしても、社員の共同体がこれにうまく対応し、全体の雰囲気はほどほどのところに落ち着くのである。

要素4　意図性：重点課題を追求する

真に豊かで実りある個人の会話というものは、自由に発言できるものの、かといってあてどなく会話が進むわけではないだろう。会話の参加者は、自分たちの到達目標をそれなりに思い描いていなければならない。相手を楽しませたいとか、相手を説得しようとか、あるいは、相手から学びたいとかいうように。そうした意図がないと会話が取りとめのないものになるか、行き詰まってしまう。どんなにゆるくて脱線ばかりしていても、意図があるおしゃべりには秩序と意味がある。

この原則は、組織内会話にも当てはまる。社内コミュニケーションの過程で寄せられた多くの声は、そのコミュニケーションが何のためになされたのかという目的に沿って、やがて一つの見解に収れんしなければならない。言い換えると、社内で繰り広げられる会話は、会社の戦略目標に即した社員共通の重点課題を反映しているべきである。

意図性は、これまで挙げた3要素と重要な違いがある。親密性、双方向性、包括性は、いずれも社内の情報やアイデアの流通経路を拡大するのに対し、意図性はそうしたプロセスを多少なりとも閉ざすものである。つまり、意図性を持たせることにより、リーダーや社員は討議や討論のやり取りを、戦略的に意味のある行動に結び付けることができる。

会話に意図性を持たせるには、リーダーが会社の戦略方針を伝える際に、宣言するだけでなく説明する――つまり、同意を強要するのではなく合意を引き出す――必要がある。

この新たなモデルでは、経営上の意思決定の土台となるビジョンと論理を、リーダーが社員に包括的かつ明確に語ることになる。その結果、あらゆる階層の社員が、競争的環境の中で自社がどこに位置しているのか全体像を把握できる。つまり、全社員が企業戦略を熟知するようになる。

インフォシスの参加型戦略立案

自社の中心的戦略を社員に理解させるには、戦略立案に社員を参加させるのも一つの手である。インフォシスの経営陣は、年次戦略の策定プロセスに広範囲にわたる社員を参画させることにした。

２００９年後半に、２０１１会計年度の企業戦略策定を始めるに当たり、インフォシスの首脳は地位や部門を問わず社員の参加を呼びかけた。共同創業者で取締役共同会長のクリス・ゴパラクリシュナンの説明によると、特に「顧客に影響すると思われる顕著な画期的トレンド」に関するアイデアを社員から募ったそうである。

寄せられたアイデアをもとに、インフォシスの戦略立案部門が17のトレンドをリストアップした。そこには新興市場の成長から、環境の持続可能性がますます重視されていることまで含まれた。

そのうえで、戦略立案部門はネット上に一連のフォーラムを開設した。インフォシスが提供できそうな各種の顧客ソリューションを武器にしてこれらのトレンドに対処する方法を、社員が提案できる場を設けたのである。技術とソーシャルネットワークのおかげで、会社を挙げてボトムアップで参加できるようになったわけである。

イベントで交流と統合を仕掛ける

世界第3位のDIYチェーンで、英国に本拠を置くキングフィッシャーの例を挙げよう。同社は2008年、ばらばらの歴史を持つ事業部の寄せ集めだった組織を、意図的な組織内会話を通じて「一つのチーム」にまとめるための新戦略を開始した。そのキックオフとして、経営陣はバルセロナで3日間にわたり、小売部門の役員向けのイベントを催した。

その2日目、「シェア・アット・ザ・マーケットプレース」と銘打って、古代の地中海や中東のバザール（市場）を真似た1時間半の集いが全員参加で開かれた。そこでは、参加者のうち「サプライヤー」と称するグループが、22個ある屋台の前にエプロン姿で一人ずつ立ち、自分が属するキングフィッシャー社内の部門で考案された商慣行を売り込んだ。つまり、アイデアを売る商人というわけである。

経営委員会のメンバーは別グループをつくり、世話役として激励の言葉をかけながら歩き回った。

そして、人数の最も多い第3のグループは、買い手となって屋台から屋台へと渡り歩き、「商品」を吟味しては、時折、アイデアを「購入」した。買った商品の代金をサプライヤーに支払う際は、この催しのために特別に発行された小切手帳から1人5枚まで小切手を振り出すことができた。

この取引はこのイベント限りのものだったが、サプライヤーに「あなたが説明している内容は印象的です」と伝える強いメッセージになった。このバザールの真髄は、雑然として騒がしいながらも、くだけた雰囲気の中で、仲間同士でベストプラクティスを共有し合うことにあった。

と同時に、会話を目的達成の手段にする、すなわち会話を通じて多彩な参加者グループの戦略的整合を図るという意図も込められていた。

あなたが気づいていようといまいと、どんな企業でも会話は行われている。それはいつの時代も同じだったが、現在では社内の会話が会社の壁を超えて、はるか遠くにまで広がっていく可能性がある。しかも、それを防ぐ手段はほとんどない。

＊　＊　＊

賢明なリーダーは会話を利用する方法――情報の流れを誠実で開かれたやり方で管理する方法――を編み出した。一方的にメッセージをばらまくのは時代遅れなやり方であり、耳に心地よいマーケティング資料は、顧客だけでなく社員に対しても効果がほとんどない。だが、親密性、双方向性、包括性、意図性を備えたコミュニケーションには、人々も耳を傾けるはずである。

リーダーが直面する新たな現実

ビジネスにおける5つの長期トレンドが、社内向け広報から組織内会話への転換を迫っている。

経済の変化

経済的に見てサービス業が製造業より優勢になり、知識労働がそのほかの種類の労働に取って代わった。これに伴い、情報を加工し、共有する高度な方法がますます切実に必要とされている。

組織の変化

企業のフラット化が進んでヒエラルキーが弱まり、価値を創出するうえで、第一線の社員がさらに中心的な役割を果たすようになった。それに伴い、横方向やボトムアップ型のコミュニケーションが、トップダウン型のコミュニケーション並みの重要性を持つようになった。

世界の変化

労働力の多様化と分散が進んだことで、文化や地理的境界を超えて前進するためには、流動的にして複雑なコミュニケーションが必要になった。

世代の変化

1980~90年代生まれのミレニアル世代や、それより若い労働者が社内で一定数を占めるにつれて、同僚に対しても上司に対しても同じように、活発な双方向型コミュニケーションを行うことを望むようになった。

技術の変化

デジタルネットワークのおかげで、ビジネスの世界では即座に相手につながることが当たり前になった。一方、ソーシャルメディアのプラットフォームはさらに強力に、そしてどこでも使えるようになった。この2つの変化に伴い、以前のあまり対話型ではないコミュニケーションチャネルでは不十分になった。

第**9**章

リーダーは集中力を操る

心理学者
ダニエル・ゴールマン

"The Focused Leader"
Harvard Business Review, December 2013.
邦訳「リーダーは集中力を操る」
『DIAMONDハーバード・ビジネス・レビュー』2014年5月号

ダニエル・ゴールマン
(Daniel Goleman)
ラトガーズ大学コンソーシアム・フォー・リサーチ・オン・エモーショナル・インテリジェンス・イン・オーガニゼーションズの共同ディレクター。最近の著書に、*Focus:The Hidden Driver of Excellence*, HarperCollins, 2013.（邦訳『フォーカス』日経ビジネス文庫、2017年）がある。

リーダーに要求される3つの集中力

関心の方向付けは、リーダーの大きな役割である。そのためには自身の関心を何かに集中する術を身につけなくてはならない。「集中した状態」とは一般に、頭の中から雑念を追い出して一つのことだけを考える状態を指す。ところが神経科学分野における近年の豊富な研究から、集中にはいくつもの方法があり、目的も関係する神経回路もまちまちであることが判明している。しかも、神経回路同士が歩調を合わせる場合もあれば、相反する動きをしがちな場合もある。

集中の形態を①自分への集中、②他者への集中、③外界への集中という3種類に大きく分けると、リーダーシップスキルを発揮するための、新たな知見を引き出すことができる。リーダーは、じっくり内省して建設的な姿勢で他者に関心を集中することで、EQ（心の知能指数）の柱を成す能力を培えるだろう。視野を広げてそこに関心を集中する方法を理解すると、戦略立案、イノベーション、組織マネジメントの手腕が高まるはずである。

リーダーは皆、自分、他者、外界への集中力をうまく調和させつつ十分に育む必要がある。なぜなら、自分を見つめないと指針を示せず、他者に十分な関心を払わないと愚かな振る舞いをしてしまい、外界を注視していないと不意打ちに遭いかねないのだ。

自分を見つめる

自分を見つめる、つまり自分の内なる声に耳を傾けるのが、ＥＱを高めるうえでの出発点である。これを実践すると、リーダーは多くの手がかりをもとにりよい判断を下し、本当の自分を探り当てることができる。すると何が起きるだろうか。この抽象的な概念を具体的にとらえるには、自分を見つめるとはどういうことかを考えるとよい。

自己認識

自分の内なる声に耳を傾けるということは、体内で発せられる生理学的なシグナルに細心の注意を払うという意味である。このかすかな合図を監視するのは、前頭葉の裏側に位置する島皮質である。体のどこかに注意が向くと、その部分への島皮質の感受性が高まる。私たちが自分の心臓の鼓動に耳を澄ますと、それに関連する回路の神経単位《ニューロン》が、島皮質の働きによってより活性化する。実際、心臓の鼓動をどれだけ感じ取れるかは、自分にどれだけ意識を集中しているかを測る標準的モノサシとされている。

直感とは島皮質と扁桃体からのメッセージであり（神経科学者で南カリフォルニア大学教授のアントニオ・ダマシオは、これを身体標識《ソマティック・マーカー》と呼ぶ）、何かが正しいか誤っているかを「感覚」として伝えているのである。ソマティック・マーカーは私たちの注意をよりよい選択肢に向かわせ、意思決定を簡略化してくれる。このメッセージは、必ず当たるようなものではおよそないため（「コンロの火を点けっぱなしにしてしまったかも」という直感はどれだけ当たるだろうか）、直感をよりよく活かすには広い視点から深く読み取るとよい（**章末**「あなたはこの囲み記事を流し読みしていないだろうか」を参照）。

一例として、英国の研究者グループが、ロンドンの金融街《シティ》の投資銀行4行のプロフェッショナルトレーダー118人と上級マネジャー10人にインタビューし、その内容を分析した結果について考えたい。

成績最上位のトレーダーたち（平均年俸50万ポンド）は、分析と直感のどちらか一方だけに頼るのではなく、ありとあらゆる感情とじっくり向き合い、それをもとに直感の有用性を見極めていた。損失を被った場合は内なる不安を受け入れ、慎重な姿勢を強め、リスクを軽減した。

成績最下位のトレーダー群（平均年俸わずか10万ポンド）は、不安を無視して直感だけを頼りに突き進む傾向があった。内面から発せられる多様なシグナルに注意を払わなかったせいで、方向を誤ったのである。

その時々の感覚的な心象に意識を集中することが、自己認識の大きな柱である。ただし、リーダーシップを発揮するうえではもう一つ欠かせない要素がある。過去から現在までの経験を総合して、本当の自分について首尾一貫したとらえ方をすることだ。

本当の自分であるとは、他人から見た自分が自己像と重なり合う状態を意味する。これを実現するには、一つには、他人、とりわけ貴重な意見や正直なフィードバックをくれる人が自分をどう思っているかに、注意を払う必要がある。

集中のあり方としてここで有用なのは、開かれた意識（open awareness）、つまり、何かにすっかり気を取られたり、翻弄されたりせずに、周囲の状況に幅広く注意を払う状態である。良し悪しを判断したり、切り捨てたり、無視したりするのを避けて、ありのままに物事を認識するのである。

意見を聞くより述べる立場に慣れたマネジャーは、これを難しいと感じるかもしれない。意識を開かれた状態に保てないのはたいてい、些事にいら立ってそれにじゃまされるからである。

空港でセキュリティチェックを受ける際、他の旅行者が手荷物をX線検査装置に通すのにやたらと手間取る様子に接したような場合が、これに当たる。意識を開いた状態で注意力を保つことのできる人は、他の旅行者が手間取る様子に目を留めてもさして気にせず、より多くの状況を受け止めるだろう（章末「広い範囲に意識を向けよう」を参照）。

もとより、耳を傾ける態勢でいたとしても、誰かが意見を寄せてくれるとは限らない。残念ながら、他人が自分をどう見ているかを知る機会は非常に少なく、昇進街道を走る経営幹部ともなれば、なおさらだ。だからこそ、ハーバード・ビジネス・スクールでは、ビル・ジョージ教授による「本物のリーダー《オーセンティック・リーダー》シップの養成《シップ・ディベロップメント》」という講座が大人気を博し、超満員なのだろう。この講座では「進むべき方向《トゥルー・ノース》」というグループを設けており、他人の意見を通して本当の自分を知る力を伸ばそうとする。

この種のグループは、「おのれを知るにはまず周囲に自分をさらけ出すとよい」という教訓に基づいており、誰でもつくることができる。ここでは、メンバー同士が胸襟を開いて親密になるという。ビル・ジョージはこう説明する。「（このグループは）安心できる場なのです。ほかの場所では持ち出せそうもない個人的な悩みも、ここでなら話し合えます。えてして最も身近な家族にさえ相談するのを尻込みするような悩みでもね」

その効用については、「信頼する相手に自分の人生について語って初めて、私たちは本当の自分を知るのです」という。つまりこれは、本人が考える「本当の自分」像と厚い信頼を寄せる人物の見方とを比べ、外からの目を通して本当の自分を確かめるための、入念な方法なのである。

自己管理

「認知制御」という専門用語がある。気が散りそうな誘惑に打ち勝って、「これ」と決めた対象に注意を向け続けるという意味である。このような集中力は、脳の前頭前皮質に備わる実行機能の一種であり、平たく言えば「意志の力」や「自制心」と同じである。

障壁や挫折を乗り越えて目標を追求するうえでは、認知制御が役に立つ。このような断固として目標を達成しようとする姿勢を生み出す神経回路は、御しにくい感情の手綱を締める働きも持つ。危機のさなかに冷静さを保ったり、興奮を抑えたり、大失敗や大混乱から立ち直ったりするのも、優れた認知制御のなせる業である。

数十年にも及ぶ研究の積み重ねから、リーダーとして成功するうえでは意志力が抜きん出た重要性を持つことがわかっている。とりわけ説得力の強い研究としては、１９７０年代のある年にニュージーランドのダニーデン市で出生した、全１０３７人の人生を長期に追跡したものがある。被験者には、幼年期の数年間に、意志力を測るさまざまな検査を実施した。

その一つ、心理学者ウォルター・ミシェルが考案した有名なマシュマロ実験は、マシュマロ1個をもらってすぐに食べるのと、15分間我慢した後に2個食べるのと、どちらかを選ばせるというものである。

ミシェルの実験では、①マシュマロ1個を即座に頬張る、②少しの間我慢する、③15分間ずっと我慢するという3つの行動パターンには、おおよそ均等に人数が分散するという結果が出た。

何年もの後、30代になった被験者のほぼ全員（96％）を再び調べた。すると、子どもの頃に15分間ずっとマシュマロを食べずに我慢して高い認知制御力を示したグループのほうが、少しも我慢せずにすぐに食べてしまったグループよりもはるかに健康状態がよく、収入が高く、法律を守る傾向が強かった。

事実、統計分析からも、子どもがのちに経済的に成功するかどうかを予測する指標としては、ＩＱ（知能指数）、社会階層、家庭環境よりも自制心の強さのほうが有用だと判明している。

ミシェルは、集中力が自制心を発揮するうえでのカギだと述べている。欲求を満たそうとする衝動と自制心とがせめぎ合う局面では、3種類の認知制御力が働く。①欲求の対象から自発的に注意を逸らす能力、②欲求の対象に関心を引き戻そうとする誘惑に抗う能力、③将来の目標に意識を集中して、それを達成したらどれだけ気分がよいかを想像する能力である。

ダニーデンの被験者たちは、成人した後に幼い頃の自分の性向から逃れられなかったかもしれないが、必ずしもそうなるとは限らない。集中力は伸ばすことができるのである（**章末**「自制心を培う」を参照）。

他者に関心を集中する

「注意」（attention）という言葉は、「触れ合おうとする」を意味するラテン語の attendere に由来している。他者への関心とはまさにこの「触れ合おうとする」ことにほかならず、EQの第2の柱である共感や第3の柱である社会的な関係を築く力の土台を成すものだ。

他者に関心を集中するのが上手な経営者は、はたから見てすぐにそうとわかる。彼らは、相手と共通の土台を見つけ出す、非常に重みのある意見を述べる、他の人々に「一緒に仕事をしたい」と思わせる、といった特質を持つ。こうした人々は、組織あるいは社会での地位にかかわらず、生来のリーダーとして頭角を現す。

共感の3タイプ

通常は、共感をいくつもの種類に分けて語ることはない。しかし、リーダーが他者に共感を示す様子を注意深く観察すると、以下の3種類が浮かび上がってくる。効果的なリーダーシップを発揮するうえでは、このどれもが重要である。

- 認知的共感：他者の視点を理解する力
- 情動的共感：他者の感情を汲み取る力
- 共感的関心：相手が自分に何を求めているかを察知する力

認知的共感を抱いたリーダーは、自分の言わんとすることをはっきり説明できる。これは直属の部下から最大限の成果を引き出すうえで欠かせないスキルである。大方の予想とは裏腹に、認知的共感を抱くには、相手の胸の内をそのまま受け止めるのではなく、相手がどんな感情を持っているかを考える必要がある。

認知的共感は探究心によって培われる。認知的共感力を持つ優れた経営者は、「すべてを学びたい、周囲の全員を理解したいという意欲を、常に持ち続けてきました。なぜあのような行動を取ろうと考えたのだろう、なぜあのような行動を取ったのだろう、何がうまくいき、何がうまくいかなかったのか、などとね」と語っている。

もっとも、自己認識が認知的共感の糧になる場合もある。人間は、推論機能を持つ神経回路の働きにより、自分の思考について考え、そこから生じる感情を感知できる。私たちが望めば、この同じ回路を用いて、他人についても同様の推論をすることができる。

情動的共感は、メンタリング、顧客対応、集団力学の把握をうまく行ううえで、重要な働きをする。その源泉は、大脳新皮質の内側にある進化的に古い部分、すなわち扁桃体、視床下部、海馬、眼窩前頭皮質である。これらの部位の働きにより、私たちは深く考えなくても速やかに何かを感じることができる。文字通り相手の痛みを感じ取るなど、自分の体内に他者と同じ情動が湧き起こるのだ。興味深い話を聞いていると、私たちの脳は相手と同じ活動パターンを示す。タニア・ジンガー（ライプツィヒにあるマックス・プランク認知神経科学研究所の社会神経科学部門のディレクター）が指摘するように、「他人の感情を理解するには、まずは自分の感情を理解する必要がある」のだ。

情動的共感を呼び起こすには、2種類の注意を働かせることになる。一方では、相手の感情に対する自分の反応に意識的に注意を向け、他方では、表情や声の調子などから相手の感情を幅広く読み取るのである（章末「共感を養うには」を参照）。

共感的関心は、情動的共感と密接な関係にあり、人々の感情だけでなく、相手が自分に何を求めているかを察知する力を、私たちに与えてくれる。主治医、配偶者、そして上司にも、この種の関心を持ってもらいたいものである。

共感的関心を引き起こすのは、親の注意を子どもに向けさせる役割を持つ神経回路である。誰かが愛らしい赤ん坊を連れて部屋に入ってきた時に、その場にいる人々の視線がどう動くかを見れば、哺乳類の脳中枢にあるこの回路が突如として活性化したことがわかるはずだ。

ある神経理論によると、この反応は扁桃体と前頭前皮質で起きる。扁桃体は危険を察知する脳内レーダーに刺激されて、前頭前皮質は「思いやりの物質」とされるオキシトシンの分泌をきっかけに、それぞれ反応するのだという。ここからは、共感的関心には相反する2つの効果があることがうかがえる。私たちは、他者の苦悩を我が事のように受け止める時には直感を頼るが、相手のニーズに応えるかどうかを判断する時は、その人の幸福が自分にとってどれだけ重要かを熟考するのである。

この直感と熟考のバランスをうまく取ることには大きな意味がある。他者に同情しすぎると、自分自身が苦しくなるだろう。人助けが生業であるような場合、これは共感疲労につながりかねない。

経営幹部は、人や状況にまつわるどうしようもない問題への不安にさいなまれるおそれがある。しかし、自分を防御するために感情を抑制すると、共感を持てなくなってしまうかもしれない。共感的関心を持つには、他者の痛みを感じる力を保ったまま、自分の苦悩とうまく付き合うことが求められる（章末「共感を制御するには」）を参照）。

さらに、研究機関による複数の調査は、共感的関心をうまく活かすことが道徳的判断を下すうえで重要だと示唆している。志願者を募って、体に痛みを抱えた人の話を聞いてもらうと、その時の脳画像からは、脳中枢の痛みを感じる部分がすぐさま反応する様子が見て取れる。ところが、体の痛みではなく心理的な苦痛にまつわる話を聞いた場合は、共感的関心や思いやりといった高等な機能を司る脳中枢が、緩やかに活性化した。状況の心理的、道徳的側面を把握するのにいくらか時間を要したのである。気が散ったり取り乱したりしていればいるほど、繊細な共感や同情は起きにくい。

人間関係の構築

社会的な感受性に欠ける人物は、少なくとも他人の目からは容易にそうと見分けがつく。彼らは愚か者である。専門能力の高いCFOが、他人に対して威嚇、締め出し、えこひいきなどを行う一方、それを指摘されると責任逃れ、激高、逆恨みといった態度を示す。あえて嫌な奴として振る舞っているのではない。自分の欠点に少しも気づいていないのである。

社会的な感受性は認知的共感と関連するように思われる。一例として、認知的共感力の高い経営幹部は海外赴任先で優れた成果を上げるのだが、これはおそらく、未知の文化に接してもすぐに暗黙の規範を読み取り、その文化に特有の考え方を学ぶからだろう。社会的文脈に注意を払えば、状況がどうあれそつなく振る舞い、一般的なエチケットに直感的に従い、ほかの人々を安心させるような振る舞いができる（時代によっては、よいマナーとはこういうことを指したのかもしれない）。

海馬前部に集中する神経回路は社会的な文脈を読み取る働きをする。たとえば、元同級生に対するのと、家族や同僚に対するのとでは直感的に違った態度を取るよう、私たちを導いてくれる。この神経回路はまた、熟考を司る前頭前皮質と連携して、不適切な行動を取ろうとする衝動を抑え付ける。したがって、状況への感受性を調べる検査では、海馬の機能を測定する場合がある。

ウィスコンシン大学教授で神経科学者のリチャード・デイビッドソンの仮説によると、対人関係に極めて敏感な人々と、その場の状況をうまく読めないと思しき人々とを比べた場合、前者のほうが海馬や前頭前皮質の活性が高く、両者のつながりも緊密だという。

これと同じ神経回路は、集団内の人間関係を理解する働きもするだろう。このスキルは、人間関係を巧みに泳いでいくのに役立つ。組織にうまく影響力を及ぼす人は、メンバー間の力学を察知するだけでなく、発言力の最も大きな人物を特定できるため、周りを説き伏せる力を持った人々の説得に専念する。

注意すべき点もある。人間関係を理解、維持する能力は、昇進の階段を上って大きな権限を得るにつれて、心の持ち方のせいで衰えていく傾向があるのだ。心理学者でカリフォルニア大学バークレー校教授のダッチャー・ケルトナーが、地位に開きがある人同士の対面事例を調べた結果、地位の高いほうの人はきまって相手の目をあまり見ず、話をさえぎったり、一方的にまくしたてたりする傾向が強いことがわかった。

事実、組織内でいかに有力者への配慮が行き届いているかを分析すると、階層構造が浮き彫りになる。AさんがBさんからの連絡や質問に返答するまでの時間が長ければ長いほど、AさんのBさんに対する相対的な地位は高い。全員の応答時間を相関図にまとめると、組織内の上下関係が驚くほど正確に見えてくる。上司は部下からのメールを何時間も放ったままにするが、部下の側では数分以内に返信するのだ。この傾向はめったに崩れないため、コロンビア大学は自動社会階層予測というアルゴリズムを開発したほどである。このアルゴリズムは諜報機関によって、テロ集団と思しきグループ内での影響力の働き方を総合的に把握して、中心人物を特定する目的で使われているとされる。

ただし肝心なのは、私たちが他人にどれだけ気を遣うかは、自分の相対的な立場をどう見ているかによって決まるという点である。これは経営トップ層にとっては警鐘としての意味を持つ。彼らは、移り変わりの早い競争状況に対応するために、組織内のアイデアや人材を幅広く活用しなくてはならない。意識して注意を向けない限り、いつもの癖で組織の下層の人材が持つ優れたアイデアを見過ごしてしまうだろう。

外界に広く関心を向ける

外界への関心が強いリーダーは、聞き上手であるばかりか質問上手でもある。彼らは先見の明にあふれ、ある場所での判断が遠く離れた場所や分野にどういった結果を及ぼすかを察知したり、現在の選択が先々どういった結果をもたらすかを想像したりする力を持つ。一見したところ関係のなさそうなデータが、意外にも自分の主な関心分野に役立つなら、それを積極的に受け入れようとする。

メリンダ・ゲイツが説得力のある事例を紹介している。『60ミニッツ』というテレビ番組に出演した際、夫のビル・ゲイツについて、肥料に関する本を最初から最後まで読み通すような人だと語ったのである。

司会のチャーリー・ローズは「なんでまた肥料の本を」と尋ねた。技術の進歩をてこに人類の生存率を飛躍的に高める方法を探し続けるビル・ゲイツにとって、肥料が自分の関心分野とつながりを持つのは明らかだった。「肥料が考案されなかったなら、数十億の人命が損なわれただろう」というのである。

戦略への集中

ビジネススクールの戦略コースでは例外なく、①現在の優位性を活かす、②新たな優位性を探る、という2種類の戦略を教えるだろう。意思決定に熟達した企業人63人を被験者として、この2つのいずれかについて考えたり、両方を交互に検討したりする最中の脳画像を撮影したところ、特定の神経回路が活性化する様子が見て取れた。大方の予想通り、①には目の前の課題に集中する姿勢が、②には新しい可能性に広く目を留める姿勢が、それぞれ求められる。ところが、前者には予測や報酬に関連する神経回路の活動が伴っていた。

つまり、慣れ親しんだ領域で思考をめぐらすのは気分がよいのである。しかし、②へと思考を切り替えると、習慣から離れてあちらこちらを探索しながら新たな針路を見つけるために、意識して知的努力をしなくてはならない。

この努力ができないとしたら、原因は何だろうか。睡眠不足、深酒、ストレス、過度の精神的負担などは皆、意識の切り替えを担う神経回路の働きをじゃまするものである。イノベーションを目指して外の世界へと関心を向け続けるには、何にもじゃまされない時間を持ち、自省して集中力を新たにする必要がある。

イノベーションの源泉

情報が広く行き渡った現代では、アイデアを斬新な方法で組み合わせたり、手つかずの可能性を開拓するような鋭い問いを発したりすることが、新しい価値の創造につながる。創造的なひらめきを得る少し前、脳内では3分の1秒の間ガンマ波が発生する。この現象は広範囲に及ぶ脳細胞の間で同調が起きたことを示す。同時に活性化する神経細胞の数が多ければ多いほど、ガンマ波は大きくなる。このタイミングでガンマ波が起きることは、新しい神経ネットワークの形成をうかがわせる。おそらく新しいつながりが生じているのだろう。

ただし、ガンマ波に創造性の秘密があると見なすのは勇み足といえる。創造性をめぐる古典的な理論は、多種多様な関心が重要な役割を果たすのだと示唆している。私たちはまず、活用できそうな多様な情報を集めて心の準備をし、次に、問題に意識的に関心を集中したり、とりとめのないことを自由に考えたりということを、交互に繰り返す。

こうすると、アンテナを張った状態になる。あらゆる情報や意見に没入し、自分の課題に関連するものを逃すまいとするのだ。創造的な課題を選んでそれに注意を集中するのもよい。あるいは、先入観を追い払って自由に空想の翼を広げると、おのずと解決策が浮かんでくる（シャワー、散策、ランニングの最中に多くの新鮮なアイデアが生まれるのは、このような理由による）。

システム認識の微妙な力

たくさんの点が映った写真をちらっと見せられて、点の数を問われると、最も正解に近い数字を述べるのはシステム思考に長けた人である。

このスキルは、ソフトウェア、組立ライン、マトリックス組織、生態系の破壊を食い止める手段などの設計や考案を得意とする人々に備わっており、実に有用な資質だといえる。何といっても、私たちは極めて複雑なシステムの中で暮らしているのだから。

ただし、心理学者でケンブリッジ大学教授のサイモン・バロン＝コーエン（俳優のサシャ・バロン＝コーエンのいとこである）によると、システム認識に秀でた人の一部は、他者の考えや感情、人間関係などを十分に読み取れない「共感の欠如」という傾向を持ち、その人数は少ないとはいえ無視できるほどではないという。このような理由から、システムを把握する能力が高い人材は、組織にとって資産ではあるが、リーダーとして優れているとは限らない。

ある銀行の幹部から聞いた話では、その銀行ではシステム分析職に特化したキャリア制度を他の職種とは別建てで設け、システム関連の能力だけをもとに昇進、昇給する仕組みにしているという。こうすれば、必要に応じて彼らに意見を求める一方、リーダーは高いＥＱを備えた別グループの人材から登用することができる。

集中力を自由に操る

その他大勢で終わりたくない人にとって、本稿のメッセージは明快である。集中力のあるリーダーとは、年間の優先課題上位3つだけに注力する人でもなければ、システム思考に誰よりも秀でた人でも、社風に最もよく馴染む人でもない。

集中力のあるリーダーとは、自分の注意力すべてを思いのままに操れる人である。自分の内なる感情に耳を傾け、衝動を抑え、他人からどう見られているかに気づき、他人が自分に何を求めているかを理解し、注意散漫を避けながら、先入観を排して自由に幅広く関心を持つのだ。

これは一筋縄ではいかない。もし簡単になれるなら、偉大なリーダーはもっと大勢いるはずではないか。集中力は、種類を問わずほぼすべてを伸ばすことができる。求められるのは才能よりもむしろ勤勉さである。分析力や身体機能を鍛えるのと同じように、注意を司る脳内の神経回路を鍛えようとすればよい。

注意力と優秀さの関係性はまず表面に表れない。しかし、リーダーシップスキルの本質を成す要素の大半、たとえばEQや、組織・戦略分野の知性などは、注意力を土台としている。

ところが注意力は現在、かつてないほど脅かされている。データがたえず怒涛の勢いで押し寄せてくるため、その扱いが手抜きに陥りやすい。メールの題名だけを見て優先度を判断し、何件もの留守電メッセージを聞かずに放置し、メモや報告書を流し読みにしてしまう。注意力の低下によって仕事の質が落ちるばかりか、メッセージの絶対量が多いせいで、その内容についてじっくり考える時間がほとんど取れない。

この状況は、ノーベル経済学賞を受賞したハーバート・サイモンが、いまから40年も前に予見していた。サイモンは1971年に「情報は受け手の注意力を衰えさせる。（中略）このため、大量の情報は注意力の欠如を引き起こす」と記したのだ。

本稿の狙いは、注意力に焦点を当てて、必要な時に必要なところに注意を向けられるようにすることである。注意の向け方に熟達すれば、自身と所属組織の重点課題を攻略できるだろう。

あなたはこの囲み記事を流し読みしていないだろうか

会話の最中に相手の言葉を右から左へ忘れてしまわないだろうか。

今朝、出勤のため車のハンドルを握りながら、上の空ではなかっただろうか。

誰かと一緒に昼食を取りながら、相手よりもスマートフォンに関心を寄せていないだろうか。

注意力とは言わば心の筋肉である。筋肉と同じく、適切な訓練をすれば強化できるのだ。意識的に注意力を強化するための基礎反復訓練はシンプルなものである。注意力が散漫になっていたらそれを自覚して、本来向けるべき対象に注意を戻し、できるだけ長くその状態を保てばよい。この初歩的な練習は、ほぼあらゆる瞑想の根本を成している。瞑想は集中力と平静心を養い、ストレスによる心の揺れや不安を和らげる。

これと同じ役割を期待されているのが、ウィスコンシン大学の設計グループと神経科学者が共同で開発を進めるゲームソフト、テナシティである。2014年にリリース予定のこのゲームには、不毛の砂漠や、天へつながる空想上のらせん階段などを舞台とした、5～6種類の旅程が用意されていて、そのどれかを選んで仮想体験するようになっている。

初級レベルでは、息を吐くたびに1本の指でiPadの画面にタッチするのがルールである。ただし、5回に1回は、2本の指でタッチしなくてはならない。上級レベルに進むにつれて、じゃまが増えて気が散りやすくなる。スクリーン上にヘリコプターが現れたり、飛行機がトンボ返りをしたり、鳥の群れがふいに横切ったりするのだ。

ゲームをしながら自分の呼吸のリズムに慣れてくると、瞑想をしている時のように、心が穏やかに研ぎ澄まされた感じがして、いくつもの情報の中からどれかを選んで注意を払う選択的注意の力が強化される。スタンフォード大学のカーミング・テクノロジー研究所ではこの因果関係を掘り下げ、呼吸数を測定するベルトなど、リラクゼーション用具を開発している。たとえば、受信箱に膨大なメールが届いているのを見て、いわゆるメール無呼吸症候群に陥ったなら、iPhoneアプリの助けを借りて、呼吸と気持ちを落ち着かせる練習をするのも一案である。

広い範囲に意識を向けよう

カメラのレンズの設定を変えて、焦点を絞ったり、パノラマ撮影をしたりすることができるのと同じく、私たちの注意も、対象を狭い範囲に限定したり、逆に広げたりすることができる。

注意の及ぶ範囲を測定するために、被験者の目の前にS、K、O、E、4、R、T、2、H、Pのように文字と数字を次々と映し出す方法がある。多くの人は、この文字や数字の羅列を眺めながら、最初の数字である4が現れた時にはこれに気づくが、以後は次第に注意力が落ちていく。だが、広い範囲にしっかり目配りする人は、2つ目の数字にも気づく。

リーダーが広範囲に注意を及ぼす能力を鍛えるには、不自然ともいえることをしなくてはならない。いつもではないにせよ少なくとも時折は、管理をせずにいよう、自分の意見を述べずにいよう、他者を評価するのを控えよう、という意志を持つのである。意識的に何かをするというよりも、態度や姿勢を少し変えてみるのだ。

これを実行する方法として、ポジティブ思考のよく知られた効果を使うのも一つの手である。私たちは悲観的になると関心が閉ざされる一方、楽観的でいると関心が広がり、予期しない新鮮なものを受け入れる姿勢が強まる。気持ちを前向きにするシンプルなやり方として、「人生のすべてが理想通りに展開したら、10年後には自分は何をしているだろう」と考えるとよい。

なぜこれが効果的かというと、ウィスコンシン大学教授で神経科学を専門とするリチャード・デイビッドソンが発見したように、気分が上向いていると、脳の左側の前頭前野が活性化するからである。この部位の神経回路は、長年の目標を達成したらどれほど嬉しいか、私たちに思い起こさせる働きをする。心理学者でケース・ウェスタン・リザーブ大学教授のリチャード・ボヤツィスは、こう述べている。「前向きな目標や夢について語ると、脳中枢が活性化して私たちは新しい可能性に目覚める。（中略）ところが、悪いところを改めるにはどうすべきかなどという話題に切り替えると、可能性が見えなくなる。生き残るには悲観的な見方が必要だが、成功するには楽観的な発想が求められる」

自制心を培う

さあ、認知制御に関わるテストを始めよう。各行の真ん中の矢印は左右どちらを向いているだろうか。

←←→→→

←←←←→

→→←→→

エリクセンのフランカー課題と呼ばれるこのテストは、気を逸らすものにどれだけ影響されやすいか、その程度を測るものである。実験環境においては、被験者が真ん中の矢印の向きを把握するのにかかる時間を1000分の1秒単位まで計測できる。認知制御が得意であればあるほど、その人は余計なものに気を取られずに済む。

認知制御力を高める手段は、鬼ごっこや、だるまさんが転んだ、に似た素朴な遊びでもよい。何らかの合図に従って行動を止める練習になるものなら、何でもかまわないのだ。椅子取りゲームを得意とする子どもほど、認知制御を司る前頭葉の神経回路がよく発達する、という研究結果もある。

これと同じくシンプルな原則に基づく手法に、全米で学童の認知制御力を高めるために用いられているSEL(Social and Emotional Learning：社会性と情動の学習)がある。やっかいな問題に直面して戸惑ったら信号機を思い浮かべるように、と子どもたちに教えるのだ。赤、黄、青の信号はそれぞれ、立ち止まって落ち着きよく考えてから行動するように、スピードを落として解決案をいくつか考えるように、計画を試しに実行してうまくいくかどうかを確かめるように、という意味である。このような発想をすると、扁桃体が喚起する衝動に従うのではなく、前頭前皮質の機能をもとに熟考したうえで行動するようになる。

成人してからでも、この神経回路を強化するのはけっして遅すぎない。マインドフルネス技法を毎日実践するのも、椅子取りゲームやSELと同じ効果がある。マインドフルネス技法では、呼吸に注意を集中し、自分の考えや感情に押し流されるのではなく、むしろそれらを追いかける。気が散ったと感じたらそのたびに呼吸に注意を戻す。簡単だと思うだろうが、試しに10分間やってみると学習効果に気づくだろう。

共感を養うには

ボストンにあるマサチューセッツ総合病院のヘレン・リース（同病院が実施する共感と関係性の科学プログラムのディレクター）は、医師たちとともに研究を行った結果、「情動的共感は養うことができる」という結論にたどり着いた。リースは医師たちに自己観察を促すために、深い腹式呼吸によって集中力を高めたり、自分の思考や感情に溺れることなく、天井から他人とのやり取りを眺めるような超然とした姿勢を身につけたりするためのプログラムを設けた。「前のめりにならずに少し距離を置いて状況を観察すると、受け身一方の状態を避けながら、相手とのやり取りを意識的に心に刻むことができます。（中略）自分の心身が興奮しているか安定しているかがわかります。状況がどうなっているかに気づきます」。たとえば、医師がいら立ちを自覚したなら、それは患者もまた困惑していることを示唆しているのかもしれない。

リースは、どうしたらよいのかまったくわからない人は、情動的共感を装っていれば、そのうちに本当に身につくのではないか、とも述べている。たとえあまり気が進まない場合でも、目を見る、表情に注意を払う、といった形で気遣いを示していると、次第に相手への関心が湧いてくるだろう。

共感を制御するには

自分の衝動を抑えて他者に感情移入すると、誰かの激高に圧倒されそうな状況でも、何とか持ちこたえて優れた判断を下しやすくなる。

体にピンが刺さって怪我をした人を見ると、私たちの脳からは普通、痛みを感じる部位が反応しているという合図が発せられる。ところが医学部では、無意識のうちに起きるそのような反応さえも抑えるよう教えられる。このため医師たちの場合は、側頭頭頂接合部と前頭前皮質にある、感情を無視して集中力を高める働きを持つ神経回路から、反応を抑える麻酔のようなものが分泌される。こうした作用は、他者と距離を取って平静を保ち、相手の力になろうとする時にも起きる。感情が高ぶるような状況下で何らかの問題に気づき、集中力を高めて解決策を探さなくてはならない場合にも、同じ神経回路が活性化する。この仕組みは、気が動転した人と話をしている最中に、心の中の情動的共感を抑えて頭の中で認知的共感を呼び起こし、相手の視点を理性的に理解するのに役立つ。

第10章

「自分らしさ」が仇になる時

INSEAD教授
ハーミニア・イバーラ

"The Authenticity Paradox"
Harvard Business Review, January-February 2015.
邦訳「『自分らしさ』が仇になる時」
『DIAMONDハーバード・ビジネス・レビュー』2016年2月号

ハーミニア・イバーラ
(Herminia Ibarra)
INSEADコラ記念講座リーダーシップ・アンド・ラーニング教授。組織行動論も担当。著書に『世界のエグゼクティブが学ぶ 誰もがリーダーになれる特別授業』(翔泳社、2015年)がある。

リーダーとしての成長を阻む要因

「オーセンティシティ」（自分らしさ）は、いまやリーダーシップの鉄則となっている。しかし、その意味について安直な理解に留まっていれば、成長が妨げられ、影響力も限定されかねない。

一例として、ヘルスケア関連組織のゼネラルマネジャーであるシンシアを挙げよう。昇進して現職に就いた段階で、彼女の直属の部下は10倍に増え、統括業務の範囲も広がった。大きなステップアップを果たして少し気後れしてしまった彼女は、透明性と協調性を重視するリーダーシップという自分の信条に基づいて、新しい部下たちに胸の内をさらけ出した。「私はこの職務を果たしたいと考えていますが、身もすくむ思いです。皆さんのお力添えをお願いいたします」

率直なこの発言は裏目に出た。自信に満ちたリーダーの就任を望み、必要としていた部下たちの信頼を、つかみ損なってしまったのである。

別の例を挙げよう。マレーシア出身のジョージは自動車部品会社の経営幹部である。同社では、明確な指示系統が重視され、総意の下に意思決定が下されていた。しかし、彼の会社はオランダに本拠を置き、マトリックス組織である多国籍企業に買収された。ジョージは、同僚たちが自由闊達に意見を戦わせて、最も優れたアイデアを出すことが意思決定だと考えている中で、一緒に働くことになった。ジョージにとって、そうしたスタイルは容易に身につくものではなく、生まれ育った母国で教わってきた謙虚さとは相容れないものだった。360度評価で上司から「自分のアイデアや実績をもっと積極的に売り込むように」とフィードバックされたが、彼には、役立たずになるか、自分を偽るかの二者択一を迫られているように思えたのである。

持って生まれた性質に反した行動を取ると、人は詐欺師になったように感じてしまう。このため、居心地のよいやり方にしがみつく言い訳として、オーセンティシティに拘泥しがちだ。しかし、長い間そうしていられる職はそうそうない。シンシアやジョージをはじめとして、多くの経営幹部が気づいたように、昇進したり周囲の要求や期待が変わったりすればなおさらである。

リーダーシップの移行を研究する中で筆者が気づいたのは、昇進すれば誰もが例外なく、居心地のよい場所（コンフォートゾーン）からから大きく離れなければならないことである。しかし同時に、自分のアイデンティティを守りたいという相反する強い衝動にも駆られる。新しい環境で成果を上げたり、期待に応えたりできるだろうかと、自分自身や自分の力に不安を覚えると、我々はすでに身につけた行動やスタイルに逃げ込みがちになる。

しかし筆者の研究では、自己認識が最も試される場面こそが、リーダーシップを巧みに発揮する方法を学べる絶好の機会だということも明らかになっている。自分自身を発展途上と見なし、試行錯誤しながらプロフェッショナルとしてのアイデンティティを進化させれば、自分にしっくり合い、変わり続ける組織のニーズにも適したスタイルを確立することができる。

それには勇気が必要だ。なぜなら学習はそもそも、不自然でともすれば浅薄になりがちな行動から始まるが、それは誠実で自然体であるというよりも打算的なように思えるからだ。しかし、一つの職務や職責に固定される状況を回避し、最終的によりよいリーダーになるには、オーセンティシティという頑なな自意識が避けてきたことをやってみるほかはない。

リーダーが直面する3つの状況

「オーセンティック」という言葉は元来、贋作ではないオリジナルの芸術作品を指していた。リーダーシップについて述べる際には当然ながら別の意味を持ち、それが時として誤解を招いてしまう。たとえば、「本当の自己」を貫くという考え方は、人は経験を通じて進化し、内省するだけではけっして掘り起こせない自分自身の多面性を発見していくという、数多くの研究と矛盾する。また、透明性の徹底、すなわち、考えや感情を逐一明らかにすることは、非現実的であり危険でもある。

リーダーたちが今日、オーセンティシティをめぐって四苦八苦しているのには、いくつかの理由がある。

まず、我々は取り組む仕事の種類を、より頻繁にかつ大きく変えるようになった。何とか実績を上げようと努力している時には、明快で確かな自己認識が羅針盤となり、選択肢を選びゴールに向かって前進する助けとなる。しかし、ちょうどシンシアが最初につまずいたように、仕事を変えようとしている時には、硬直した自己概念が錨《いかり》と化して航海の妨げとなってしまう。

第2に、グローバルビジネスでは多くの場合、文化的規範を異にし、どのように振る舞うべきかに関する期待も違う人々と一緒に働くことになる。期待に応えて力を発揮することと、自分らしさを感じることとの間で二者択一を迫られているように思うことが多い。ジョージがその典型である。

第3に、誰でも時間や場所を問わずインターネットに接続でき、ソーシャルメディアが普及している今日の世の中では、アイデンティティが常に公開されている。経営幹部としてだけでなく、少し変わった一面や幅広い関心事を持った人間として、どのように自分自身を表現するかが、リーダーシップの重要な要素となってきた。人物像を入念に練って管理し、誰の目にもわかるようにすれば、個人としての自己認識と対立する可能性がある。

筆者は、新たな期待に応えようとしている優れた経営幹部との面談を数多く実施する中で、リーダーが最も頻繁にオーセンティシティに対処する状況は、以下のような場合であることを突き止めた。

馴染みの薄い職務に就く

周知の通り、新しいリーダーシップの職務に就いてから最初の90日が肝要である。すぐに第一印象が形成され、それが重要な意味を持つ。注目度と業績への圧力の高まりにリーダーがどう対応するかは、それぞれの人となりによって大きく異なる。

ミネソタ大学の心理学者のマーク・スナイダーは、リーダーがいかに自分なりのスタイルを身につけていくかについて、2つの心理学的分析結果を得た。まず、「高セルフモニター」（筆者はこれを「カメレオン人間」と呼んでいる）は自分を偽っていると思うことなく、自然にその状況で要求されていることに対応でき、積極的にそうしようとする。また、自分の対外的イメージの管理を気にかけ、自分の弱さを虚勢で覆い隠すことが多い。最初からうまくできるわけではないが、自分自身や周囲の状況にぴったり合うスタイルが見つかるまで、新しい洋服をとっかえひっかえするようにさまざまなスタイルを試し続ける。こうした柔軟性を備えているため、カメレオン人間は往々にして昇進が早い。その一方で、本来のカメレオン気質を発揮しているにもかかわらず、人々から不誠実である、あるいは、モラルの軸を欠いていると見なされて、問題に直面することがある。

これに対して「自分らしさ重視人間」(スナイダーが言うところの「低セルフモニター」)は、たとえ周囲に求められていることに反していても、自分の本音と心情をありのままに表現する傾向がある。シンシアやジョージのような自分らしさ重視人間は、見識や経験を蓄積しながら自分のスタイルを進化させるよりも、あまりにも長く、心地よい行動を貫くがために、新たな要求に応えられないという危うさを秘めている。

シンシアはこうして身動きが取れなくなった(筆者が彼女にインタビューしたのは、キャロル・ハイモウィッツが彼女に関する記事を『ウォール・ストリート・ジャーナル』紙で発表した後のことだ)。彼女は非常に自分らしい、すべてを開示するマネジメントスタイルを貫くことは、みずからの成功を後押しするものだと考えていた。やや当惑していることを包み隠さず認め、新しいチームに支援を求めた。その事業で精通していなかった側面を急いで学習しながら、あらゆる意思決定に貢献し、あらゆる問題を解決しようと骨身を惜しまずに尽力したのである。数カ月後、彼女は燃え尽きる寸前だった。しかも、当初から部下に弱みをさらけ出したために立場が悪くなっていた。

シンシアは数年後に就任当時を振り返って、「自分らしくありさえすれば、自分の本当の姿を見せられているわけでも、人々がこちらの考えをすべて見抜いてくれるわけでもありません」と述べている。しかし当時は、わかってもらえると考え、信頼を築く代わりに、職務を遂行する能力があるのかという疑問を部下に抱かせてしまったのだ。

このような場合、しかるべく権限を委譲しコミュニケーションを取っても問題の一部にしか対処できない。もっと根深い問題は、馴染みの薄い状況下で距離感と親近感の絶妙な組み合わせを見つけることにある。スタンフォード大学教授で心理学者のデボラ・グルーエンフェルドはこれを、威信を示すことと親しみやすさの間のバランスをうまく制御することだと述べている。威信を示すことは、部下の知識、経験、専門性よりも自分の持ち合わせているものを重んじ、ある程度の距離感を保つことである。親しみやすさは、人間関係や部下の意見、考え方を重視し、共感や温かみで束ねることだ。

自分らしさ重視人間にはたいてい、ある種の言動に対して強いこだわりがある。そのため、うまくバランスを取ろうとするとオーセンティシティの深刻な危機に直面する。シンシアは近づきやすく無防備にしすぎたために立場を弱め、疲弊してしまった。より責任の重い職務では、部下の信頼を勝ち得て仕事をこなすには、部下との間にもっと距離が必要だったのだ。

自分のアイデア（と自分自身）を売り込む

リーダーとして成長するには通常、優れたアイデアを考案することから、幅広い利害関係者にアイデアを売り込むことへと軸足を移さなければならない。経験の浅いリーダー、特に自分らしさ重視人間は、支持を取り付けるプロセスが作為的で政治的な駆け引きであると感じ、嫌悪しがちだ。彼らは、自分の仕事はそれ自体の価値に立脚すべきだと考えているのである。

一例を挙げよう。運送会社のシニアマネジャーであるアンは、担当部署で売上げを倍増させ、部署の中核プロセスを刷新した。しかし、彼女は明確な実績を出しているにもかかわらず、上司から向上心のあるリーダーとは認められなかった。アン自身も、兼任している親会社の取締役として、コミュニケーションをうまく取っていないことを自覚していた。

大局的に物を考える会長は、彼女が細部にこだわることに、いら立ちを見せることも少なくなかった。会長は「ステップアップして、ビジョンに関係ある仕事に力を入れなさい」と彼女に言ったが、アンにとってそれは、実質よりも形式を重んじることのように思えた。彼女はインタビューで、このように答えている。「私にとって、それは人を操る行為です。私にもストーリーを語ることはできますが、人の心情につけ込むのはお断りです。あまりあからさまに糸を引くようなことを、私がするわけにはいかないのです」

意欲的な多くのリーダーと同様、彼女は人に影響を及ぼし意欲をかき立てるために心情に訴えるメッセージを用いることを拒んだ。事実や数字、表計算に基づいたやり方と比べて、自分にとってそれは偽りのように思えたからだ。その結果、事実を強調しすぎて会長とすれ違いが生じ、得がたい協力者として味方につけることはできなかった。

多くのマネジャーは心の奥底では、自分自身をもっとうまく売り込まなければ、優れたアイデアにも大きなポテンシャルにも気づいてもらえないことを自覚している。それでも、なかなか売り込む気にはなれないのだ。あるマネジャーは筆者にこう語った。「私はコネクションではなく、プロフェッショナリズムと自分が会社に貢献できる部分に基づいて、ネットワークを築こうとしています。キャリア的には得策でないでしょうが、自分の信念は曲げられません。このせいで、私の『ネットワークづくり』はあまり進んでいません」

昇進が単なる自分勝手な欲の追求ではなく、組織内で自分の影響力を強め、その範囲を広げる手段の一つ、すなわち、組織全体の成功であると認識できるまでは、我々は影響力のある人物に自身の強みをアピールすることを自分らしいとは思えないものだ。特に最も自分を売り込まなければならない時、つまり自分の力をまだ証明する実績がない時に、自分らしさ重視人間は上級幹部に自分を売り込むのが難しいと感じる。しかし、経験を積み、自分自身がもたらす価値に対して確信を深めていくにつれ、こうした及び腰は消え去ることが研究で明らかになっている。

否定的なフィードバックに対処する

成功している多くの経営幹部がキャリア上で初めて、深刻な否定的フィードバックを受けるのは、重職に就いたり重責を担ったりした時である。特に目新しい批判内容ではなかったとしても、以前より重い責務を担っているので、より大きな壁となる。しかし、リーダーは多くの場合、「持ち前の」スタイルで支障を来している部分は、力を発揮するうえでやむをえない代償だと自分に言い聞かせるのだ。

食品会社の製造担当マネジャーであるジェイコブを例に挙げよう。彼は360度評価でEQ（心の知能指数）、チームビルディング、権限委譲において、直属の部下から低い評価を受けた。あるチームメンバーは、ジェイコブが批判を受け入れようとしないと指摘した。ジェイコブは烈火のごとく怒ったかと思えば、何事もなかったように急に冗談を飛ばすことがあり、彼の気まぐれに周囲が振り回されている状況に、彼自身が気づいていないと言うメンバーもいた。部下との間で信頼を築いてきたと心から信じていた当人にとっては、いずれも素直に受け入れがたい指摘である。

指摘を受けた直後のショックが収まると、ジェイコブはこうした批判を受けるのが初めてではないことを認めた（数年前にも、何人かの同僚や部下から同様の指摘を受けていた）。「私はアプローチを変えたつもりでしたが、前回からそう大きく変わっていなかったのです」と、彼は振り返ったが、すぐさま自分の行動を正当化して上司にこう言った。「結果を出すために、時には手厳しくしなければなりませんが、部下たちはそれを嫌がるものです。その点は職務内容の一部として認めていただきたいと思います」。言うまでもなく、彼は核心を見落としていた。

リーダーに対する否定的なフィードバックはスキルや専門性ではなく、リーダーシップのスタイルに焦点が当たることが多いため、当人は自分のアイデンティティを脅かされていると感じる。あたかも「秘密の情報源」を白状しろとでも迫られたような気分になるのだ。ジェイコブもそのようにとらえた。たしかに彼は怒りっぽいかもしれないが、本人に言わせれば「厳しく」するからこそ毎年、成果を上げられるのだ。しかし実際には、そうした行動を取る彼が昇進できたのは、ここまでだった。職務が広がり、より責任が重くなると、戦略的な仕事に費やすべき時間を、部下を厳しく監視することに取られることが、いっそう大きな足かせとなったのである。

公人でこうした事態に陥った典型例が、マーガレット・サッチャーだ。自分と同じくらい周到に準備していない相手に情け容赦ない態度を取ることは、一緒に働いていた者には公然たる事実だった。人前でスタッフをこき下ろし、聞く耳を持たないことでも有名だった。また、妥協は小心者のすることだと信じていた。「鉄の女」として世界にその名が知られるようになると、サッチャーは自分の考えが正しく、高圧的なやり方が必要であるとますます確信するようになった。持ち前の弁論術と信念の力で誰であろうと屈服させられたし、その手腕はますます冴えわたるばかりだった。しかし最終的にはそれが仇となり、配下の閣僚たちによって首相の座を追われたのである。

遊び心を持って新しいスタイルを試してみる

こうした頑なな自己概念は、過度の内省から生じることがある。答えを求めて内面ばかり見つめていると、知らずしらずのうちに古い世界観や時代遅れの自己認識が強化されていく。新しいリーダーシップスタイルを試みることによって得られる、貴重な外部の視点である「観察力」(outsight)の力を借りなければ、癖になっている思考パターンや行動パターンで身動きできなくなる。

リーダーらしく考えられるようになるには、まず行動することだ。すなわち、新しいプロジェクトや活動に飛び込んでいき、まったく異なるタイプの人たちに接し、新しい仕事のやり方を試してみるのである。あれこれ考えたり内省したりするのは、経験した後にすべきであって、過渡期や手探りの時期にすべきではない。行動することによって人となりは変わるし、自分の信じていることはやってみる価値がある。

幸いなことに、観察力を養い「状況に適応しながらも自分らしさを失わない」リーダーシップスタイルへと進化していく方法がある。ただし、そのためには遊び心が必要だ。リーダーシップの育成を、自分の可能性を試すことというよりも、自己研鑽の取り組みだととらえると、正直なところ、つまらない課題のように思える。しかし遊び心を持って臨めば、可能性に対してよりオープンになれる。日によって態度が変わってもかまわない。それは偽っているのではなく、直面している新たな課題や状況において何が適切かを見極めるための実験である。

筆者の研究では、一歩踏み出すために重要な3つの方法が提示されている。

幅広いロールモデルから学ぶ

学習はたいていある種の模倣であり、「オリジナル」なものなどないと理解することが、どうしても必要になる。リーダーとして成長するうえで重要なのは、オーセンティシティを固有の状態ではなく、他者のスタイルや言動から学んだ要素を採り入れ、自分のものにする能力として認識することだ。

その際には、ある一人のリーダーシップスタイルだけを真似するのではなく、多数のロールモデルから幅広く学ぼう。誰かをそっくり真似することと、さまざまな人々から選択的に借用したスタイルを自分なりに組み合わせたうえで、手直しをして改良していくことは、大きく違う。劇作家のウィルソン・マイズナーが言うように、一人の作家を真似るのは盗用だが、多数の作家を真似れば、それは研究である。

筆者はある調査で、この手法が重要なことに気づいた。それは、分析やプロジェクト業務から、顧客に助言を提供し新規事業を売り込む職務へとステップアップしつつある、投資銀行家やコンサルタントに対する調査だった。ほとんどの対象者は新しい職務に対して力不足や不安を感じていたが、一部のカメレオン人間は成果を上げている上級リーダーのスタイルや戦術を、意識的に拝借していた。たとえば、会議の際にユーモアで緊張をどう和らげるか、押し付けずにどう意見をまとめるかなどを模倣によって学んでいった。基本的に、自分にとってうまくいく方法が見つかるまで見よう見まねを繰り返した。彼らの努力に気づいた上司は、コーチングやメンタリングを行い、暗黙知を伝授するようになった。

その結果、この調査では、オーセンティシティを持ちつつ巧みなスタイルを格段に早く身につけたのはカメレオン人間だった。かたや自分らしさ重視人間は、ひたすらテクニカルなスキルを披露することに専念し続け、上司については「口ばかりで中身が伴わない」ので模範としてふさわしくないと判断することが多かった。「完璧な」手本もない状況では模倣するのも一苦労であり、うそ臭く感じられた。残念ながら、彼らが適応できないのは、努力や取り組みが不十分のせいだと上司から見なされ、カメレオン人間が得られたほど十分に、メンタリングやコーチングを受けられなかったのである。

上達するために努力する

最初から何もかもうまくやれるはずはないので、（業績目標だけでなく）学習目標を設定すれば、詐欺師になったように感じることもなく、さまざまなアイデンティティを試しやすくなる。変化がもたらす脅威から、従前の快適な自己を守ろうとするのを止めて、どんなタイプのリーダーになれるかを模索し始めるのだ。

言うまでもなく、誰もが新しい状況の中でうまくやりたいと考える。的確な戦略を策定し、脇目も振らずに実行に移し、組織が求める結果を出したいものだ。しかし、こうしたことばかりを重視すると、学習に励むというリスクを取ることを恐れるようになる。人からどう見られるかという懸念が、新しく不慣れな業務を学ぶうえで足かせになることは、スタンフォード大学教授で心理学者のキャロル・ドゥエックが一連の独創的な実験の中で実証している。業績目標は、知性や社会的スキルといった重要な資質を持ち合わせていることを他者に示し、自分自身にも証明したいという欲求をかき立てる。これに対して学習目標は、重要な資質を育むことへの意欲を引き出すのだ。

業績モードの場合、リーダーシップは最も有利な形で自分自身を表現することである。学習モードの場合は、仕事の進め方、リーダーシップの執り方におけるオーセンティシティへの欲求と、同じくらい強い成長への願望とを、うまく調和させることができる。

筆者が出会ったあるリーダーは、少人数のグループの中では十分に力を発揮していたが、大人数が参加する会議では、他の出席者の発言によって話が脱線するのではないかと恐れるあまり、長々としたプレゼンテーションを押し通すばかりで、新しいアイデアを歓迎する姿勢を示せずにいた。彼は「パワーポイントを使わない」というルールを自分に課し、肩肘張らない臨機応変なスタイルを養おうとした。これによって、みずからを進化させるという課題ばかりか、目下の業務上の課題に関しても、彼自身が驚くほど多くを学ぶこととなった。

「自分史」に固執しない

重要な教訓を得た決定的瞬間について、ほぼ誰もが個人的なエピソードを持っている。意識しようとしまいと、新しい状況下では、自分のストーリーやそこで描き出される自己イメージが行動の指針となる。しかし成長に伴い、そのストーリーが時代遅れになったりするため、時には大幅に変更することや、完全に放棄して最初からつくり直すことさえも必要になる。

「ひな鳥たちに取り囲まれた母鳥」と自身を見なしていたリーダーのマリアも例外ではなかった。彼女のコーチで、広告会社であるオグルヴィ・アンド・メイザーの元CEOのシャーロット・ビアーズは著書 *I'd Rather Be in Charge*（私はむしろ責任者になりたい）(注) の中で、この自己イメージが形成されたのは、マリアが家族や親戚の世話をするために自分の目標や夢を犠牲にしなければならなかった時だと説明している。このイメージは結局、彼女のキャリアの足かせになり始めた。すなわち、友好的かつ誠実なチームプレーヤーで、仲裁役としての彼女にはよかったが、彼女が目指していた重要なリーダーシップ職を手に入れるうえで役に立たなかったのだ。

マリアはコーチとともに、手本として使うための別の決定的瞬間を探し始めた。これまでのマリアではなく、マリアが望む将来像により即した手本である。彼らが選んだのは、若い頃にマリアが家族のもとを離れ、18カ月間にわたって世界を旅行した時の体験だった。彼女はより大胆な自己認識を持って行動を起こし、以前は夢でしかなかった昇進を願い出て、認められたのである。

ノースウェスタン大学教授で、キャリアを通じてライフストーリーを研究してきた心理学者のダン・マクアダムスは、アイデンティティを「過去、現在、将来の中から人が選び出し、内在化させ、進化させてきたストーリー」だと説明する。これは単なる学術用語ではない。自分のストーリーを信じなくてはならないが、それを使って何をするかという必要性に応じて、ストーリーが次第に変わっていくことを受け入れるべきだと論じている。自分自身の新しいストーリーを試しては、ちょうど履歴書と同じように、たえず手直しをしていこう。

繰り返しになるが、自分のストーリーを書き直すことは、内省的なプロセスであると同時に、社会的なプロセスでもある。選び出すエピソードは自分の経験や抱負を集約しているだけでなく、現在求められていることを反映し、味方につけたい聞き手が共感を呼ぶものでなければならない。

＊　＊　＊

自分が何者であるかを明確にすることから、リーダーシップ・ジャーニーを始めよと指南する書籍やアドバイザーは数え切れない。しかしこのやり方では、過去に囚われて身動きできなくなる可能性がある。あなたのリーダーシップ・アイデンティティは、より重要でより高い質が求められる職務に移行するたびに変更可能であり、また、変更すべきである。

リーダーとして成長する唯一の方法は、自分は何者かという枠を広げていくことだ。新しいことをすれば不安に駆られるが、じかに体験することで、自分がどうなりたいのかということに気づくことができる。完全に別人のように変わらなくても、こうした成長を遂げることは可能だ。振る舞いやコミュニケーション、人との接し方を少し変えるだけで、たいていの場合、リーダーとしての力量に雲泥の差が生じるのである。

企業はなぜオーセンティック・リーダーシップ研修を推奨するのか

職場でもっと自分らしくあるためにどうすべきかについての助言は、数え切れないほどの書籍や記事、経営幹部向けワークショップから得ることができる。

オーセンティシティという概念が急速に人気を博し、研修産業においてブームになっている背景には、2つの流れがある。

第1に、世界的な信頼度調査「エデルマン・トラストバロメーター」によれば、ビジネスリーダーに対する信頼感は2012年に過去最低に低下した。やや持ち直し始めた2013年でさえ、「ビジネスリーダーが真実を語っていると信じる」との回答はわずか18%に留まり、「企業が正しいことを行っている」と信頼を寄せる回答者は半数を割り込んだ。

第2に、従業員エンゲージメントは最悪の水準に沈

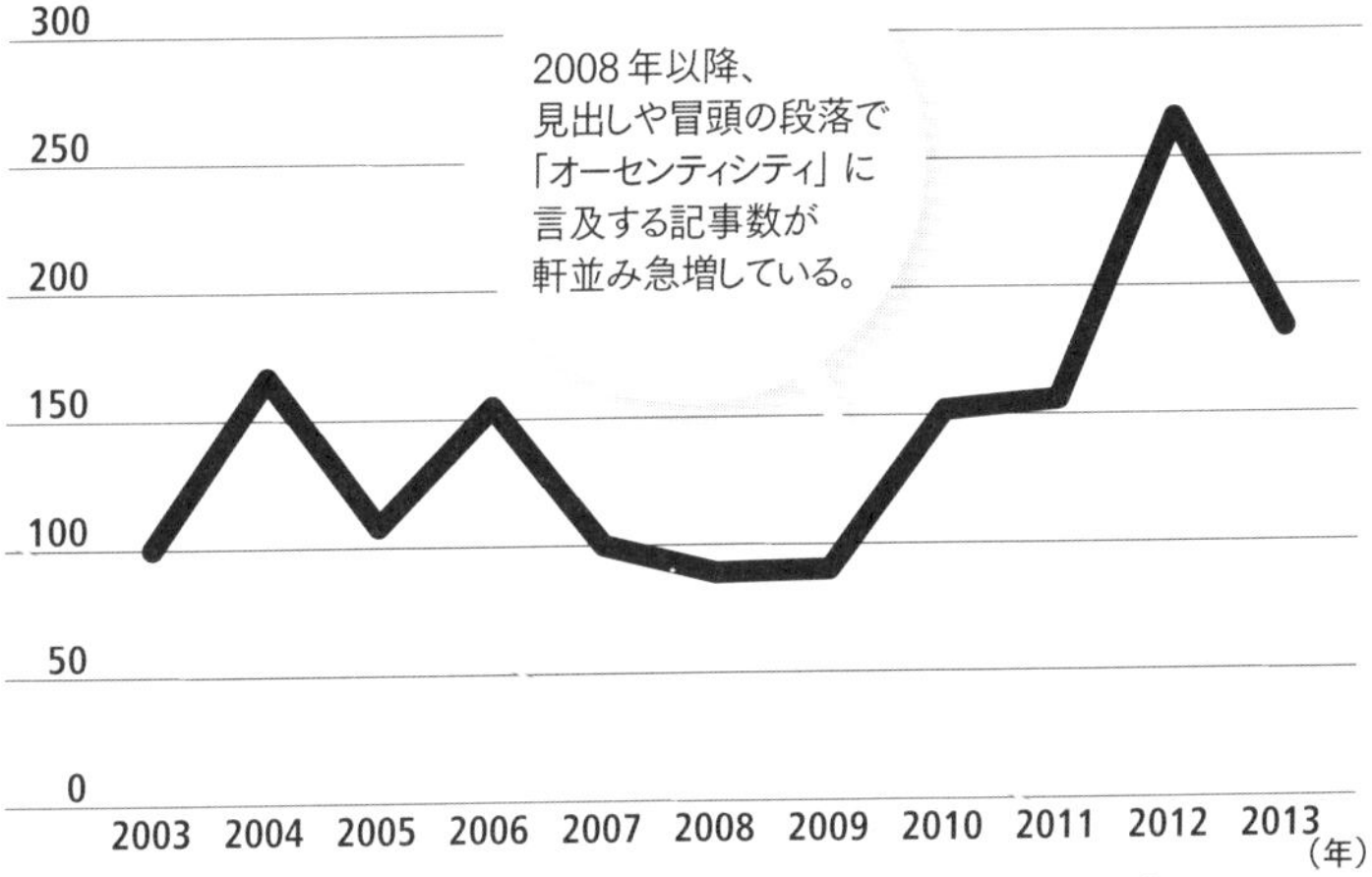

出所：『ニューヨーク・タイムズ』紙、『フィナンシャル・タイムズ』紙、『ワシントン・ポスト』紙、『エコノミスト』誌、『フォーブス』誌、『ウォール・ストリート・ジャーナル』紙、『ハーバード・ビジネス・レビュー』誌

んでいる。2013年のギャラップ調査では、仕事に積極的に取り組んでいると回答した従業員は世界でわずか13%に留まった。調査を行った約1億8000万人の従業員のうち、職務に誠心誠意取り組んでいるとの回答はわずか8人に1人。各種調査で最大の転職理由として挙がったのは、不満や燃え尽き、失望、個人の価値観とのずれだった。

世間一般の信頼と従業員の士気がこれほど低い時期にあって、リーダーに「本当の」自分を見つけるように企業が促すのも無理はない。

オーセンティック・リーダーシップの文化的要素

馴染みの薄い領域を任される、自分のアイデアや自分自身を売り込む、否定的なフィードバックに対処するなど、状況はどうあれ、自分らしく力を発揮する方法を見出すことは、複数の文化が共存する環境ではいっそう難しい。

INSEADの同僚であるエリン・メイヤーが研究で証明したように、人をどう説得するか、どんな議論に説得力を見出すかは、とうてい万国共通とはいえない。それらは個々の文化の哲学的、宗教的、教育的な通念に深く根差している。とはいえ、リーダーのあるべき姿や語るべき言葉に関する処方箋が、リーダー自身の人となりほど多様性に富むことはほとんどない。企業では、異文化理解の醸成やダイバーシティ推進に対する取り組みが行われている。にもかかわらず、現状でリーダーに対して求められているのは依然として、はっきりと意見を述べ、自身の功績を主張し、カリスマ性で人を奮起させ魅了する姿だ。

　オーセンティシティは本来、画一的なリーダーシップモデルを打破すると期待されていた（つまるところ、周囲の期待する誰かになろうとするのではなく、自分らしくあれというメッセージだ）。しかし、オーセンティシティの概念が浸透するにつれ、皮肉にも、はるかに幅の狭い、特定の文化に依存した意味を持つようになった。リーダーが教わっているオーセンティシティの見つけ方や表現方法（たとえば、難局をどう乗り越えたかという個人の体験談を語る手法）をじっくり見ると、実のところ、自己開示や謙虚さ、試練を乗り越えた個人的成功に対する理想に根差した非常に米国的なモデルである。

　権威やコミュニケーション、組織全体の努力に対する規範が異なる文化出身のマネジャーにとって、これは解決しようのない矛盾に等しい。なぜなら、オーセンティック・リーダーシップの枠に収まるには、自分らしくない言動を取らなければならないからである。

【注】

Charlotte Beers, *I'd Rather Be in Charge: A Legendary Business Leader's Roadmap for Achieving Pride, Power, and Joy at Work*, Vanguard Press, 2011.（未訳）

第11章

リーダーとマネジャーの大いなる相違

ジェネシス・アドバイザーズ 会長 兼 IMD 教授
マイケル D. ワトキンス

"How Managers Become Leaders"
Harvard Business Review, June 2012.
邦訳「リーダーとマネジャーの大いなる相違」
『DIAMONDハーバード・ビジネス・レビュー』 2012年9月号

マイケル D. ワトキンス
(Michael D. Watkins)
ジェネシス・アドバイザーズの会長。また、IMD の教授を兼ねる。著書に『ハーバード流マネジメント講座 90 日で成果を出すリーダー』(翔泳社、2014 年)がある。

期待のスター人材が昇進後につまずく理由

ヨーロッパを代表する化学企業で15年の経験を持つハラルド（仮名）は、潜在能力の高いリーダーである。プラスチック事業のアシスタントプロダクトマネジャーからスタートしたハラルドは、すぐに香港へ転勤となり、同事業のアジア拠点の新設に関わった。当地の売上げが伸びると、まもなくセールスマネジャーに昇進し、3年後には欧州・中東・アフリカ担当の販売マーケティングディレクターとして欧州に戻り、80人のメンバーを監督した。次々と成功を収めた彼は、ポリエチレン部門の販売マーケティング担当バイスプレジデントに昇進し、複数の製品ライン、関連サービス、200人近いスタッフを統括した。

このように懸命に働いたかいあって、ハラルドはついに同社のプラスチック事業の責任者に任命されることとなった。その事業は全世界で従業員3000人以上を抱えている。会社としては、強力なチームを擁する、小規模ながら勢いのある事業を運営させようという意図があった。マーケティングや販売に留まらず事業全体を把握し、自分よりも経験豊かなチームの助けを借りて指揮を執るとはどういうことかを学び、複雑な問題や局面がない状況でリーダーシップのレベルアップを図る――そのような機会を彼に与えようとしたのである。段取りは完璧だと思われたが、ハラルドは新しいポジションに就いて数カ月経っても、悪戦苦闘していた。

ハラルドと同様に、一部門のリーダーから事業全体のリーダーになり、損益責任や全部門の幹部の監督を初めて負うようになると、日の出の勢いだった多くの人間がつまずいてしまう。トップに立つというのは、まったく違う仕事なのである。その実態を調べるため、筆者は40人を超す経営幹部とインタビューを重ね、この重要な転換点について詳しく検討した。インタビューしたのは、高い潜在能力を磨いてきたマネジャー、シニアの人事担当者、初めて事業責任者になったばかりの人々である。

そこから得た知見は、うまく移行を成し遂げるには、リーダーシップ上の重点やスキルの大きな変化を乗り越えなければならない、ということだ。筆者はこれを「7つの変化」と呼んでいる。つまり経営幹部は、スペシャリストからゼネラリストへ、分析者から統合者へ、戦術家から戦略家へ、レンガ職人から設計者へ、問題解決者から課題設定者へ、兵士から外交官へ、脇役から主役への変化を学ばねばならない（**図表11-1**「事業リーダーになるための7つの変化」を参照）。多くの同僚たちと同じく、ハラルドもこうした変化の大部分にうまく対応できなかった。なぜそれほど難しいのだろうか。彼がそれぞれの変化に際して、思わぬ状況に直面し、根拠のない仮説を立て、自分の時間や想像力を超えたまったく新しい要求を受け、何もわからないまま決定を下し、その過ちから学んでいった様子を見ていこう。

スペシャリストからゼネラリストへ

ハラルドがすぐに直面した課題は、一部門の取りまとめ役から全事業部門の統括者への変化である。

図表11-1｜事業リーダーになるための7つの変化

部門責任者が初めて事業リーダーとなる際に必要とする変化は、どれも新しいスキルの習得、新しいマインドセットの醸成に関係するものである。それらの変化と、それぞれにおいて上級管理職に要求されることは次の通りである。

スペシャリストから ゼネラリストへ	主要部門で使われるメンタルモデル、ツールおよび用語を理解し、各部門のリーダーを評価するための枠組みを整備する。
分析者から 統合者へ	部門横断チームの集合知を統合し、適切な妥協点を見出すことで、組織の複雑な問題を解決する。
戦術家から 戦略家へ	細部と全体像の間を柔軟に行き来し、複雑な環境下の重要なパターンを見極めるとともに、カギとなる部外者の反応を予測し、これに影響を与える。
レンガ職人から 設計者へ	戦略、体制、オペレーティングモデル、スキルベースが効果的かつ効率的に噛み合うように、組織システムの分析や設計のやり方を理解し、その理解をもとに必要な組織変更を行う。
問題解決者から 課題設定者へ	組織が重視すべき課題を明らかにし、どこか一つの部門にきっちりと該当はしないが重要な問題を見つける。
兵士から 外交官へ	政府、NGO、マスコミ、投資家など重要な外部関係者に影響を及ぼすことで、積極的に事業環境を整える。
脇役から 主役へ	組織のロールモデルとして正しい行動を示し、直接的に、そして次第に間接的に、大人数の人々とコミュニケーションを取って、彼らを感化してゆく。

最初の2カ月ほど、彼は頭が混乱しており、適切な判断をする自信が持てずにいた。その結果、よくある罠に陥ってしまった。すなわち、自分が精通する部門は過剰に管理するが、それ以外の部門は十分に管理しなかったのである。ハラルドにとって幸いなことに、部下である販売マーケティング担当バイスプレジデントとの関係について、人事担当バイスプレジデントが率直に意見してくれたため、この問題が明らかになった。「部下がおかしくなりそうですよ。もう少し好きにさせてやってはどうでしょうか」

ハラルドが自分にとって快適な部門に関与しようとするのは、昇進して守備範囲が広くなることから来るストレスを考えれば、理解できる反応である。新任の事業リーダーがあらゆる部門に精通した世界一流の専門家であれば言うことはないのだろうが、もちろんそれはないものねだりである。場合によっては、彼らはさまざまな部門を担当したり、部門横断的なプロジェクトに参画したりして経験を蓄えており、それはたしかに役に立つ。しかし現実問題として、ある特定の部門のスペシャリストだった上級管理職が事業リーダーになるには、あらゆる部門を運営できるだけの知識を持ったゼネラリストに変身しなければならない。

具体的にはどういうことか。事業リーダーは、①事業全体にふさわしい決定を下し、②チームの人材を評価することができなければならない。その両方を行うためには、各部門にはそれぞれ、独自のメンタルモデルや言語で管理された文化があることを認識しなければならない。有能なリーダーは、財務、マーケティング、オペレーション、人事、R&Dなどそれぞれの専門家がビジネス上の問題に取り組む際の手法と、各部門が使う各種ツール（ディスカウントキャッシュフロー、顧客セグメンテーション、プロセスフロー、後継者育成、ステージゲート法など）を理解している。同時に、全部門の言語を話し、

図表11-2｜強力な事業リーダーの育成法

キャリアの早い段階で、潜在的リーダーに以下の機会を与える。
●部門横断的なプロジェクトへの参加と運営責任 ●国際的な任務（グローバル事業の場合） ●幅広い事業段階の経験：立ち上げ、成長促進、業績維持、再編、立て直し、撤退
リーダーとして有望なことが明らかになったら、以下の機会を与える。
●シニアマネジャーのポジション ●外部ステークホルダー（投資家、マスコミ、重要顧客）対応 ●経験豊かな事業リーダーのチーフスタッフとしての任務 ●買収統合や大規模な再編を主導する役割
場合によっては、事業リーダーへの昇格前に、以下を受けさせる。
●組織設計、ビジネスプロセス改善、変革マネジメントなどの能力を扱い、外部人脈の構築を可能にするエグゼクティブプログラム
事業リーダーへの昇格時に、その新任リーダーを以下のような事業に配属する。
●小規模で独自性があり、好調な事業 ●経験豊かで言いたいことを言うチームメンバーがいて、そこから学習できる事業

必要に応じてその通訳ができなければならない。そして最も重要なのは、リーダーは自分の専門外の領域を管理するために、どのような質問をすればよいか、人材の評価や採用のためにどのような基準が必要かを知っていることである（**図表11-2**「強力な事業リーダーの育成法」を参照）。

ハラルドにとって幸いだったのは、好業績の事業を任されたことに加えて、社内に主要部門の人材を評価し、育成するための強力なシステムが整備されていたことである。具体的には、人事考課や360度フィードバックのためのシステム、各部門の意見を収集するためのシステムなどである。たとえば、財務部長と人事部長はハラルド直属の部下であると同時に、それぞれ報告を上げる本社部門が別にあり、この仕組みが彼らの評価や育成の際にハラルドの助けとなった。つまり、各部門にとって「優秀」が何を意味するかを理解するための豊富な情報源となったのである（図表11－3「部門幹部をどう評価するか」を参照）。

企業は各部門の標準的な評価制度の作成に直接投資することで、新しい事業リーダーが状況を素早く把握しやすくなる。しかし、社内にそのようなシステムがなくても、意欲ある事業リーダーは、他部門の同僚たちと関係を築き、（おそらくは自部門に対する知見と引き換えに）彼らから学んで自分自身の枠組みをつくることにより、それなりの備えができる。

分析者から統合者へ

部門リーダーの第一の役割は、特定の事業活動の分析に深く関わる人材を採用、育成、管理することである。事業リーダーの仕事は、それらの部門の集合知を管理、統合して、組織の重要な問題を解決することである。

ハラルドは当初、この変化に悪戦苦闘し、数多くの相反する要求に応えようとした。たとえば、販売マーケティング担当バイスプレジデントは新製品を積極的に市場投入したがったが、オペレーションの責任者は販売担当者の需要シナリオに生産が追い付かないのではないかと心配していた。ハラルドのチームは、彼が供給サイド（オペレーション）と需要サイド（販売とマーケティング）のニーズのバランスを取ること、四半期の事業業績を重視すべき時（財務）と未来へ投資すべき時（R&D）とを見極め

図表11-3 | 部門幹部をどう評価するか

事業リーダーは各部門の幹部全員の仕事を評価しなければならないが、自分と出身分野が同じ人ばかりとは限らない。特定部門について追跡すべき重要な指標と、トラブルの前兆を表す指標を体系的に列挙したシンプルな枠組みがあれば、新任リーダーにとって状況を把握するうえで役立つ。販売部門の例を以下に示す。

コアとなる業績指標	顧客指標
●自社と他社の主要製品の売上げ	●顧客満足／定着率
●主要製品の市場シェアの伸び	●購買パターン把握の証拠
●事業計画に対する実績	●販売担当者と顧客とのやり取りの平均頻度

人材管理指標	警戒サイン
●地域・地区別の欠員率	●失いたくない販売担当者の退職
●内部昇進率、内部の後継者の充実度	●売上げの伸び悩みまたは減少
●失いたくない社員の退職件数とその理由	●将来の販売担当リーダーの社内育成が不十分
●採用と選定の成功	●成果が伴わない人材の内部昇進
	●製品のメリットおよびデメリットの伝達ができない
	●組織の強みと弱みの評価が不十分
	●現場で過ごす時間や顧客とのやり取りの時間の不足
	●マーケティングなど重要部門との連携スキルの不足

ること、実行とイノベーションにどれだけの注意を払うべきか決めること、そして、他のもろもろの決定を下すことを期待した。

そうした相反する問題を解決するためにはやはり、さまざまな部門に関する一般的な知識が求められるが、それだけでは不十分である。必要なスキルは、分析よりも、いかに妥協点を見出し、その決定の根拠を説明できるかに関係してくる。ここでも、部門横断的なチームや新製品開発チームでの経験があれば、新任事業リーダーには役に立つだろう。シニアエグゼクティブのチーフスタッフとして働いた経験も同様である。だが結局、ハラルドが気づいたように、実際に決断を下し、その結果から学ぶことに代わる方法はない。

戦術家から戦略家へ

昇進間もない頃、ハラルドは数え切れないほどの事業の細部に没頭した。戦術的であるのは魅力的だった。活動は具体的で、すぐに結果が出る。したがって彼は、会議に出席し、決定を下し、プロジェクトを進めるという日々の業務にのめり込んだ。

ここで問題なのは、当然ながら、ハラルドの新しい役割の中心は担当事業の最高戦略家でなくてはならないことだった。そのためには、数多くの細部を忘れ去り、心と時間を解き放って、もっとハイレベルな問題に集中しなければならない。言うなれば、戦略的な考え方を採用する必要があったのだ。

戦術的に優れたリーダーが、どのようにして、そのような考え方を身につけることができるのだろうか。それには、①レベル変更、②パターン認識、③メンタルシミュレーションという3つのスキルを磨けばよい。

レベル変更とは、分析レベルを柔軟に変えられる能力である。細部を重視すべき時と全体像を重視すべき時をわきまえ、その2つの関係を知ることができる。

パターン認識は、重要な因果関係など、複雑なビジネスおよびその環境に生じる重大なパターンを識別する能力であり、ノイズの中からシグナルを見分けられる。

メンタルシミュレーションは、外部当事者（競争相手、規制当局、マスコミ、オピニオンリーダー）の反応を予期する能力であり、最善策を立てるために彼らの行動や対応を予測することができる。

たとえば、ハラルドが事業リーダーになった最初の年、アジアのある競争相手が、彼らの主力樹脂製品に対して低コストの代替品を売り出した。このためハラルドは、直近の脅威を検討するだけでなく、このライバルの将来的な意図が何であるかを、広い視野で考えることも必要になった。このアジア企業は、低コスト品を武器に顧客との強い関係を築き、もっと幅広い製品を徐々に提供していくつもりだろうか。もしそうなら、どのような選択肢を検討すべきか。ハラルドの選んだ策に相手はどう応じるか。これらは、販売とマーケティングの責任者だった時には縁のなかった質問である。最終的に彼は、幹部たちとさまざまな方策を分析した結果、市場シェアの低下を食い止めるために、価格を下げて現在の利益を一部捨てることを選択した。この決定を後悔することはなかった。

戦略的な思考は先天的なものか、それとも後天的なものか。「その両方」というのが答えである。他のスキルと同様、戦略的思考が訓練で強化されるのは間違いない。だが、分析レベルを自在に変え、パターンを認識し、メンタルモデルを構築するためには、生まれつきの性向がある程度は必要であろう。リーダーシップ育成をめぐる矛盾の一つは、アメリカンフットボールで言うところのブロックとタックル（つまり実践的な技量）に秀でることにより、人々は上級レベルへの昇進を果たすが、戦略的素養を持つ社員は細部をあまり重視しないため、下位レベルの仕事で苦労する可能性があることだ。企業が戦略的思考家を特定し、彼らをキャリアの初期から多少なりとも保護することを明確な方針としなければ、育成プロセスの早すぎる段階で、彼らはダーウィン的な自然淘汰によって除去されかねない。

レンガ職人から設計者へ

上級管理職が、資格もないのに組織設計の仕事に手を出した挙げ句に、過ちを犯してしまうことは頻繁に起こる。事業レベルの役割に初めて就くと、何とか名を上げようとして、自分の行為が組織全体に及ぼす影響を十分に理解しないまま、戦略や体制など比較的容易に変えられそうな要素に目を向けてしまうのである。

たとえば、ハラルドは新しい役割に就いて4カ月ほど経った時、製品ラインよりも顧客をもっと重視するよう事業を再構築しなければならないと結論付けた。販売マーケティングの元責任者として、彼がこのように考えるのは自然なことだった。彼の目には、この事業が製品開発とオペレーションに依拠しすぎていること、事業の成立や成長の経緯を引きずった時代遅れの体制であることは明らかだった。そのため、再編を提案した時に、みんなが驚いて物も言えず、一拍置いてから猛反対したのにはびっくりした。

その後明らかになったのは、この成功を収めている事業部門の現体制が、その主要なプロセスや人材と複雑かつ、わかりにくい形で結び付いていることだった。たとえば、会社の化学製品を売るために、販売担当者には製品に関する深い知識と、その使用法について顧客に相談する能力が求められる。顧客重視のアプローチにシフトすれば、彼らはより広範にわたる複雑な製品を売り、新たな専門知識を大量に身につけなければならなかっただろう。したがって、顧客中心体制への移行には潜在的なメリットがある一方で、それによって失われるものも考えておく必要があった。たとえば、それを実行するには、プロセスの大幅な調整や社員の再教育への多大な投資が必要になる。このような変更には少なからぬ分析や検討が求められた。

事業全体を統括する立場のリーダーとして、彼らは組織のアーキテクチャー（戦略、体制、プロセス、スキルベース）の設計や変更に責任を負う。有能な組織設計者《アーキテクト》であるためには、システム思考が要求される。組織の主要要素がいかに整合するかを理解しなければならないし、かつてのハラルドのように、ある要素を変えるのに他の要素への影響をじっくり考える必要などないと無邪気に信じてはならない。部門リーダーの頃には組織をシステムとしてとらえる機会などなかったハラルドは、身をもってこれを学ぶこととなった。彼には、観察を通してそのような知見を得るだけの、大規模な組織変更の経験もなかった。

この点で、ハラルドは典型例といえる。事業リーダーは、組織設計、ビジネスプロセス改善、変革マネジメントの力学など、組織変更や変更管理の原則を知る必要がある。だが、飛ぶ鳥落とす勢いの上級管理職であっても、このような領域できちんとした訓練を受ける者はほとんどおらず、大部分が組織設計者になる準備ができていない。それどころか、組織開発専門家の仕事を賢く利用する準備すらできていない。

ここでも、ハラルドは運がよかった。最初は考えてもみなかった多くの相互依存性について、適切なアドバイスをしてくれるベテランのスタッフが存在した（ハラルドにも、彼らに頼るだけの機転があった）。もちろん、すべての新任事業リーダーがそれほど恵まれているわけではない。だが、会社がコストをかけて、組織変更について教えるエグゼクティブ向け教育プログラムに彼らを派遣すれば、この変化にもっと備えやすくなるだろう。

問題解決者から課題設定者へ

多くのマネジャーは、問題解決能力を買われてシニアレベルに昇進する。しかし事業リーダーになると、問題解決よりも、組織がどの問題に取り組むべきかを決めることに集中しなければならない。

そのためにハラルドは、彼の事業が直面するチャンスと脅威をことごとく把握し、最も重要なものだけにチームの意識を集中させなければならなかった。また、「ホワイトスペース」も特定しなければならなかった。ホワイトスペースとは、ダイバーシティなど、どこか一つの部門にきちんと該当はしないが、それでも事業にとって大切な問題をいう。

いまやハラルドが考慮すべき事項は途方もない数に上っていた。販売やマーケティングを担当していた頃に、彼は日、週、月単位で投げかけられるすべての問題に優先順位をつけるのがいかに難しいかを、それなりに理解していた。にもかかわらず、事業レベルのいくつかの問題に関わる範囲や複雑さには驚かされた。彼は自分の時間をどう配分してよいかがわからず、すぐに負担の重さを感じた。メンバーにもっと仕事を任さなければならないことはわかっていても、どの仕事なら他人に委ねても支障がないのかが、まだはっきりしなかった。

部門リーダーとして彼が磨いてきたスキル、つまり販売やマーケティングのツールや技術、組織ノウハウ、人員配置やチームワーク促進の能力だけでは太刀打ちできなかった。チームが重視すべき問題を解明し、課題を設定するために、彼はこれまで馴染んでいたよりもずっと不確かで不明瞭な環境に対処することを学ばなければならなかった。また、組織が対応できるような仕方で優先順位を伝えることも学ぶ必要があった。ハラルドには販売やマーケティングのバックグラウンドがあるので、課題の伝達方法にはさほど苦心しなかった。難しかったのは、課題が何かを見極めることだった。経験から学ぶしかない面もあったが、ここでも彼はチームメンバーに助けられた。メンバーたちは、ハラルドが検討しなければならない問題をわかっており、それについて彼にアドバイスを強く求めたのである。会社の年間計画立案プロセスも、事業の主な目標を決めるうえで頼りになった。

兵士から外交官へ

以前の仕事では、ハラルドは敵を倒すために部隊を率いることを何よりも重視していた。いまは気がつけば、規制当局、マスコミ、投資家、NGOなど、数多くの外部関係者に影響を与えることに、驚くほどたくさんの時間を使っていた。彼のサポートスタッフの元には、ハラルドに時間を割いてほしいという要請がひっきりなしに舞い込んでくる。「官公庁主催の業界や政府のフォーラムに参加してもらいたい」「有力ビジネス誌の編集者からのインタビューを受けてもらえないか」「重要な機関投資家グループと会ってほしい」——。このような要請をする団体には、よく知っている団体もあれば、全然知らない団体もあった。しかし、ハラルドがまったく未経験だったのは、さまざまな関係者と付き合うことに加えて、会社の利益になるような方法で彼らの関心事に積極的に対応しなければならないことである。過去の経験などは、会社の外交官になるという難題にはほとんど役に立たなかった。

有能な企業の外交官は何をすべきか。交渉、説得、コンフリクト管理、アライアンス構築などの外交ツールを使って、戦略目的の達成を支援するための外部事業環境を形成する。その過程で、気がつけば、市場で毎日激しく競争する相手と協力し合っていることも少なくない。

これを首尾よく実現するため、事業リーダーは新しい考え方を受け入れなくてはならない。すなわち、互いの利益が一致する方法を探し、各種組織での意思決定の仕方を理解し、他者に影響を及ぼすための効果的な戦略を策定しなければならない。さらに、政府向け広報、企業広報など重要な支援部門の専門家など、これまでおそらく監督したことがない社員の採用・管理術を知る必要がある。このような社員の活動は、四半期や年間の成果を重んじる実際の事業よりもスパンが長いことを理解しなければならない。政府の規制策定に向けたキャンペーンなどの取り組みには、展開するまでに何年もかかることがある。ハラルドはこのことを理解するのにしばらく時間がかかった。その間にスタッフが、長期間にわたり苦労して問題を管理してきたこと、そしてリーダーが問題から目を逸らすたびに嘆かわしい結果を招いたことを、彼に説いて聞かせた。

脇役から主役へ

最後に、事業リーダーになるとは、明るい照明が当たるセンターステージへ移ることを意味する。注目の度合いが違うことや、ほぼ常にガードを固めていなければならないことに、ハラルドは驚かされた。部下たちが彼の言動をいかに重んじるかを知って、いささかショックを受けた。たとえば、事業リーダーに任命されて間もなく、彼はR&D担当バイスプレジデントと会談し、ある既存製品の新たなパッケージ方法についていろいろな考えを述べた。すると2週間後、その実現可能性に関する仮リポートが彼の机の上に置かれていた。

このような変化は、ロールモデルとしての影響力がぐんと高まるということでもある。どの階層のマネジャーも多少なりともロールモデルであるのは間違いない。だが事業レベルでは、その影響力が半端ではなく、みんなが事業リーダーに、ビジョン、インスピレーション、「正しい」行動や態度のヒントを期待する。良かれ悪しかれ、シニアリーダーのスタイルや性癖は伝染しやすい。それらは人々が直接見聞きする場合もあれば、部下への報告を通して組織の末端にまで伝わる場合もある。これは避けられない現象ではあるものの、自己認識を高め、部下の視点に共感を抱く時間を取ることで、事業リーダーは不用意な言動を減らすことができる。何だかんだ言っても、少し前までは、彼らも部下として上司の言動から同じような推測をしていたのだ。

では、大勢の人たちを率いるとは、現実的にどういうことなのか。魅力あるビジョンを示し、それを感動的なやり方で共有するには、どうすればよいのか。製品と一緒にアイデアを売り込むことに慣れており、すでに優れたコミュニケーターであったハラルドだが、この点に関してまだまだ考え方を改める必要があった(同じ立場の他の人たちよりはましだったかもしれないが)。以前の仕事では、彼はほとんどの社員と散発的とはいえ、それ相応の個人的な付き合いがあった。いまや世界中の3000人余りを監督する身なので、そのようなことはそもそも不可能である。

これが意味することは、チームと協力して年間の戦略を練るうちに明らかになった。戦略を組織に伝える段になってハラルドが気づいたのは、自分自身でそれを売り込みに行けないことだった。直属の部下を通じて働きかけるほか、ビデオなど他の手段を見つけて話を広めなければならなかった。事業部門の大半の拠点を回った後、現場で起きていることを本当に知ることはできないのではないかと、ハラルドは心配になった。そこで、拠点訪問の際にリーダーだけに会うのではなく、少人数の現場社員と一緒に社内でランチを取ったり、社員が会社についてコメントできるオンライン討論会にも耳を傾けたりした。

＊　＊　＊

多くの場合、以上の7つの変化には、左脳による分析的思考から右脳による概念的なマインドセットへの切り替えが必要である。しかし、だからといって、事業リーダーが戦術や個別部門の関心事に時間を割かないというわけではない。以前のポストにいた時と比べて、そうしたことに費やす時間がはるかに少ないというだけである。実際に、新たな役割に費やす時間を確保するため、チーフスタッフ、COO、プロジェクトマネジャーなどに現場の実施状況を見てもらうと役に立つことが多い。

ハラルドの話はよい結末を迎えた。彼は幸いにも、リーダーシップ育成を信条とする会社で働いており、有効な助言ができ、また助言をすることをいとわない経験豊かなチームと仕事をすることができたからだ。このため、ちょっとした問題がたびたび生じたにもかかわらず、事業は引き続き成功を収め、ハラルドは最終的に、事業リーダーとしての一歩を踏み出すことができた。そして3年後、彼はこのような経験をもとに、業績が振るわないもっと大きな事業を任され、見事に業績回復を果たした。振り返って彼は、「現在持っているスキルが、これから必要になるスキルだとは限りません。だからといって過去の実績がないがしろにされるわけではありませんが、その実績が次なる旅程に必要なすべてというわけでもありません」と語っている。

『Harvard Business Review』（HBR）とは

ハーバード・ビジネス・スクールの教育理念に基づいて、1922年、同校の機関誌として創刊され、エグゼクティブに愛読されてきたマネジメント誌。また、日本などアジア圏、ドイツなど欧州圏、中東、南米などでローカルに展開、世界中のビジネスリーダーやプロフェッショナルに愛読されている。

『DIAMONDハーバード・ビジネス・レビュー』（DHBR）とは

HBR誌の日本語版として、米国以外では世界で最も早く、1976年に創刊。「社会を変えようとする意志を持ったリーダーのための雑誌」として、毎号HBR論文と日本オリジナルの記事を組み合わせ、時宜に合ったテーマを特集として掲載。多くの経営者やコンサルタント、若手リーダー層から支持され、また企業の管理職研修や企業内大学、ビジネススクールの教材としても利用されている。

ハーバード・ビジネス・レビュー リーダーシップ論文ベスト11
リーダーシップの教科書2 実践編

2021年7月6日　第1刷発行

編　者――ハーバード・ビジネス・レビュー編集部
訳　者――DIAMONDハーバード・ビジネス・レビュー編集部
発行所――ダイヤモンド社
〒150-8409　東京都渋谷区神宮前6-12-17
https://www.diamond.co.jp/
電話／03･5778･7228（編集）　03･5778･7240（販売）

装丁デザイン―デザインワークショップJIN（遠藤陽一）
校正――――茂原幸弘
製作進行――ダイヤモンド・グラフィック社
印刷――――八光印刷（本文）・加藤文明社（カバー）
製本――――川島製本所
編集担当――大坪亮

ISBN 978-4-478-11339-4